Gemeindeorientierte Seelsorge

Matthias Burhenne (Hg.)

JOTA GmbH PUBLIKATIONEN

edition wiedenest

Bibliografische Information Der Deutschen Nationalbibliothek
Die Deutsche Nationalbibliothek verzeichnet diese Publikation in der Deutschen Nationalbibliografie; detaillierte bibliografische Daten sind im Internet über http://dnb.ddb.de abrufbar.

Burhenne, Matthias (Hg.)
Gemeindeorientierte Seelsorge

Die Edition Wiedenest wird herausgeben von
Dr. Gerd Goldmann, Ulrich Neuenhausen und Dr. Horst Afflerbach

3. Auflag 2010
Jota Publikationen GmbH, 08262 Hammerbrücke / Muldenhammer

Umschlaggestaltung: Dieter Latsch, Designer AGD/BDG
Gesamtherstellung: Seidel&Seidel GbR, Satz- und Digitaldruckzentrum, 08262 Hammerbrücke / Muldenhammer

Die Bibelzitate sind – soweit nicht anders angegeben – folgenden Übersetzungen entnommen:
- Beiträge I, III; IV, V, VI: Revidierte Elberfelder Übers. 1985
- Beiträge II, VII: Lutherbibel 1984

ISBN 978-3-935707-30-5
Best.-Nr.: 449.530

INHALTSVERZEICHNIS

EINFÜHRUNG

Gemeindeorientierte Seelsorge – darum geht es in diesem Buch. Wie kann eine Gemeinde noch stärker seelsorgerliche Gemeinde werden? Seelsorge gehört zunächst in die Gemeinde, davon bin ich zutiefst überzeugt. Doch dabei stellen sich schon die nächsten Fragen: Welche Art von Seelsorge? Und was macht eine seelsorgerliche Gemeinde aus?

Dieses Buch stellt eine umfassende und biblisch begründete Definition von Seelsorge vor – das 3-Ebenen-Modell der Seelsorge –, welches schon in vielen Gemeinden hilfreich eingesetzt werden konnte. Es führte zur Klärung des Seelsorgebegriffes und half Gemeinden, Überlegungen zur Seelsorge in die Praxis umzusetzen.

Vielleicht haben Sie eine ähnliche Situation schon einmal erlebt: Da sagt ein Mitarbeiter in einer Gemeindesitzung zum Thema Seelsorge plötzlich: „Jeder braucht Seelsorge!" Daraufhin kommt sofort die Reaktion von einem anderen Mitarbeiter: „Wieso braucht jeder Seelsorge? Ich muss doch nicht jede Woche zu einem Seelsorger, vielleicht noch zu einem therapeutischen Seelsorger gehen und mein Leben durchkauen, wenn es mir gut geht." Häufig entstehen nach solchen Wortwechseln zermürbende Dialoge darüber, was Seelsorge ist, was die Bibel uns dazu sagt, wie sich Seelsorge und Psychologie oder Psychotherapie zueinander verhalten und was man nun als Gemeinde tun sollte und was nicht. Was übrig bleibt, ist oft der gute Vorsatz, Seelsorge weiter im Blick zu haben. Doch die Menschen, die in einer Lebenskrise stecken, die eine schwere Krankheit haben – insbesondere, wenn es eine psychische Krankheit ist – erfahren häufig keine ausreichende und qualifizierte seelsorgerliche Begleitung und werden mit ihrer Not nahezu alleine gelassen.

Ich erlebe es immer wieder in meiner seelsorgerlichen Beratungstätigkeit, wie Menschen sagen: „In unserer Gemeinde konnte uns keiner in unserer Ehekrise weiterhelfen", oder: „Bei uns gibt es eigentlich keine Seelsorge, jedenfalls nicht, wenn es einem richtig schlecht geht – besonders nicht, wenn man psychisch krank ist." Nicht immer muss es an der Gemeinde liegen, aber leider ist es relativ oft doch der Fall. Viele Gemeinden haben kein Seelsorgekonzept, das transparent ist, das zur Gemeinde passt und das in der Praxis auch wirklich gelebt wird.

Mein Traum ist es, dass irgendwann einmal in Deutschland in möglichst jeder Gemeinde ein Notleidender ohne langes Suchen schnell und unkompliziert die passende seelsorgerliche Hilfe findet, und wir nicht irgendwann an einem Grabstein stehen oder auf eine völlig zerstörte Familiensituation schauen und denken: Hätten wir doch früher reagiert. Hätten wir doch erkannt, was wirklich mit ihm (ihnen) passiert. Hätten wir doch mehr Hilfen angeboten. Ich habe schon einmal vor einigen Jahren an solch einem Grabstein gestanden. Und ich habe schon erlebt, wie Familien auseinander gebrochen sind und wie alle – besonders die Kinder – darunter litten. Solche Situationen werde ich nie vergessen. An dieser Stelle kann vermutlich fast jeder seine traurigen Situationen einfügen und die Frage, was man hätte anders machen sollen.

Dieses Buch ist nur zustande gekommen, weil die folgenden Referenten bereit waren, ihre Vorträge für dieses Buch zur Verfügung zu stellen. Ihnen sei dafür und für ihre Mühe herzlich gedankt:

- Harald Petersen (Leiter der Seelsorgeabteilung des Evangeliumsrundfunks),
- Prof. Dr. Helge Stadelmann (Rektor der Freien Theologischen Akademie in Gießen und Gastprofessor an der Evangelischen Fakultät Löwen/Belgien),
- Ralf Kaemper (Redakteur der Zeitschrift „Perspektive" und als Referent für die „Arbeitsgemeinschaft der Brüdergemeinden" im Reisedienst),
- Matthias Schmidt (Dozent für Seelsorge und Neues Testament am Missionshaus Bibelschule Wiedenest) und
- Martin Scharnowski (Pastor der Ev.-Freik. Gemeinde „Treffpunkt Leben" in Hochdahl).

Die Vorträge wurden auf zwei Arbeitstagungen in den Jahren 2003 und 2004 im Missionshaus Bibelschule Wiedenest gehalten. Sie bauen einerseits aufeinander auf, bilden auf der anderen Seite aber doch jeweils eigene geschlossene Einheiten.

Es bietet sich deshalb an, bei Fragen zu Themen wie Seelsorge und Psychotherapie, Gemeindezucht, Vergebung oder Generationskonflikte direkt in die entsprechenden Beiträge einzusteigen.

Der Charakter des Vortragsstils wurde im größten Teil der Beiträge beibehalten. Der Beitrag von Prof. Dr. Helge Stadelmann wurde von ihm überarbeitet und erweitert.

Es ist mein Gebet, dass dieses Buch Gemeinden motiviert, ein für sich passendes Seelsorgekonzept zu entwickeln und in die Praxis umzusetzen, damit Menschen in Nöten nachhaltig geholfen werden kann und sie dem allmächtigen Gott begegnen.

Wiedenest, im Februar 2006
Matthias Burhenne

I Gemeindeorientierte Seelsorge und das 3-Ebenen-Modell der Seelsorge

Matthias Burhenne

1 Die Nöte in unserer Gesellschaft und die Verantwortung der Gemeinde

Als Seelsorgereferent bin ich öfter mit dem Zug unterwegs. Und als ehemaliger Berliner bin ich schon oft am Bahnhof Zoo aus- und eingestiegen. Eines Abends, es war spät, stieg ich wieder einmal aus einem ICE und ging die Treppe in Richtung U-Bahn hinunter. Da sprach mich ein Stadtstreicher an: „Haste 'nen Euro für mich?" Ich zögerte, ich wusste in welche Flüssigkeit sich dieser Euro sehr schnell verwandeln würde. Nach kurzem Zögern sagte ich: „Ich kauf dir 'ne Wurst am Kiosk." Der Blick war erst etwas erstaunt, dann enttäuscht, dann nahm er die Wurst und ging etwas verdrossen seines Weges. Auf dem Heimweg dachte ich weiter über das Elend dieses und vieler anderer Menschen, die ich am Bahnhof gesehen hatte, nach. Wie hatte wohl ihre Biografie bisher ausgesehen? Was hatte sie dazu gebracht, dass sie jetzt so ein elendes Leben führen mussten? Wie könnte man ihnen die Liebe Jesu und sein Rettungsangebot nahe bringen? Ich sah mir die Menschen in der U-Bahn an. Wer von ihnen kannte wohl Jesus? Wer von ihnen hatte vielleicht noch nie richtig das Evangelium gehört? Wer von ihnen steckte vielleicht gerade in einer tiefen Lebenskrise?

Solche Gedanken beschäftigen mich öfter. Gerade beim Schreiben dieser Zeilen frage ich mich: Wo wird im Moment in Deutschland vielleicht gerade eine Frau von ihrem Mann verprügelt, wo wird vielleicht in diesen Minuten ein Kind missbraucht, wo wird vielleicht gerade eine Ehe geschieden? Und wo steht vielleicht in diesen Minuten jemand auf einer Brücke – von seinen Depressionen zermürbt – und überlegt, ob er springt?

Statistiken sind anonym und lassen uns nur ganz schwach erahnen, was wirklich in unserem Land abläuft. Hier nur eine kleine Auswahl an Zahlen:

- 5–10 % leiden an behandlungsbedürftigen Depressionen.
- Ca. 15 % erkranken mindestens einmal in ihrem Leben an einer Angststörung.
- 1–2 % leiden unter Zwangsstörungen, 8 % haben einzelne Zwangssymptome.
- 1 % werden im Laufe ihres Lebens von einer schizophrenen Erkrankung betroffen.
- 1 % aller jungen Frauen leiden an Magersucht, ca. 3 % an Bulimie.
- Ca. 15 % der Menschen, die einen Arzt aufsuchen, haben so schwerwiegende sexuelle Probleme, dass eine Beratung oder Behandlung ratsam wäre.
- Süchte: 5–7 % sind abhängig, allein 3–5 % vom Alkohol.
- 14 000 Menschen sterben jährlich durch Selbstmord.[1]
- Ca. 210 000 Ehen wurden 2005 geschieden.[2]

Gott hat es sich sicher ganz anders gewünscht. Er wollte kein Leid, keinen Zerbruch, er wollte nicht, dass Menschen sich selbst zerstören. Wie sehr muss Gott unter dem Elend dieser Welt leiden. Denn er liebt uns Menschen doch viel mehr, als wir dies selbst können. Jesus jammerte es damals – vor ca. 2000 Jahren – immer wieder, wenn er die Menschen sah, ob es einzelne waren (s. Mt 20,34) oder eine ganze Volksmenge (s. Mk 6,34). Und es jammert ihn sicher auch heute. Er hat alles investiert, er ist auf diese Erde gekommen und für unsere Schuld, unseren zerstörerischen Egoismus am Kreuz gestorben, damit wir ewiges Leben haben können (s. Joh 3,16). Ewiges Leben, das schon heute in der Realität deines Alltags beginnen kann. Er hat Gemeinde erfunden. Es ist seine geniale Idee gewesen, nicht die Idee von Menschen. Gemeinde, die einen Auf-

---

[1] Möller, Hans-Jürgen; Laux, Gerd und Deister, Arne unter Mitarbeit von Braun-Scharm, Hellmuth, *Psychiatrie und Psychotherapie*, 2. vollst. überarb. und erw. Aufl.; Stuttgart: Thieme, 2001

[2] Statistisches Bundesamt Deutschland am 30.01.2006: http://www.destatis.de/themen/d/thm_bevoelk.php

trag in dieser Welt hat, die sein Leib ist und wo er das Haupt ist, der Chef. Gemeinden können Lebensrettungsstationen sein, doch nehmen wir die Not wahr, die uns umgibt? Sehe ich, wo ich einen Auftrag in meiner Gemeinde habe? Nicht alle haben eine der Gaben, die in den Bereich der Seelsorge einzuordnen sind. Aber bei den Erläuterungen zum 3-Ebenen-Modell der Seelsorge wird deutlich werden, dass jeder – auch wenn er nicht ausgesprochen begabt ist – einen gewissen seelsorgerlichen Auftrag hat (s. dazu auch den Beitrag II von Harald Petersen).

Ich möchte dich und deine Gemeinde neu herausfordern und ermutigen, darüber nachzudenken, wo und wie ihr Liebe praktisch weitergebt. Ob ihr eine Gemeinde seid, die gemeindeorientierte Seelsorge praktiziert, die Rettungsstation für Menschen ist.

Wo und wie gibt deine Gemeinde Liebe weiter. Ist sie Rettungsstation für Menschen, praktiziert sie Seelsorge?

Wenn es jetzt in diesem ersten Beitrag um Konzepte, um Definitionen von Seelsorge und andere eher grundsätzliche Überlegungen geht, dann geschieht dies aus der Motivation und Frage heraus: Wie können wir Menschen in Nöten schnell und qualifiziert helfen und sie dabei wieder oder das erste Mal in die heilende Gegenwart Gottes führen?

2 Unterschiedliche seelsorgerliche Konzepte

In zahlreichen Büchern und Schulungseinrichtungen werden gute, hilfreiche Wege aufgezeigt, wie das seelsorgerliche Zweiergespräch besser gelingen kann und was einen Seelsorger kennzeichnet. Viele weitere Bücher beschäftigen sich mit der Frage, wie sich Seelsorge und Psychologie und Psychotherapie zueinander verhalten. Sie beschreiben die Vereinbarkeit, bedingte Vereinbarkeit oder Unvereinbarkeit von psychologischen Erkenntnissen, psychotherapeutischen Methoden und Seelsorge.

Beim Studium der verschiedenen Bücher wird man immer wieder merken, dass es keine einheitliche Definition für Seelsorge gibt. Die einen definieren Seelsorge besonders im Blick auf das Zweiergespräch, andere betonen besonders die Abgrenzung zu psychotherapeutischen Methoden. Und je mehr man sich mit dem Thema: „Was ist eigentlich Seelsorge?“ auseinandersetzt, desto mehr Varianten lernt man kennen.

Wie kommt es zu diesem unscharfen Gebrauch des Begriffes Seelsorge? Dies ist besonders damit zu erklären, dass uns die Bibel an keiner Stelle eine kurze eindeutige Definition des Begriffes Seelsorge gibt, sie nennt nicht einmal direkt das Wort „Seelsorge“. Eine kurze kirchengeschichtliche Darstellung der Entwicklung des Begriffes Seelsorge gibt Helge Stadelmann in seinen Ausführungen (s. Beitrag V, unter Punkt 2).

Auch wenn das Wort Seelsorge in der Bibel direkt nicht zu finden ist, so sind doch das Wesen oder die Eigenschaften seelsorgerlichen Handelns in zahlreichen Bibelstellen zu entdecken (s. dieser Beitrag, Punkt 3). Diese zeigen, dass ein Seelsorgebegriff, der nur das Zweiergespräch im Blick hat, der Fülle von biblischen Aussagen und der daraus resultierenden Vielgestaltigkeit von Seelsorge nicht gerecht wird.

Auch wenn das Wort Seelsorge in der Bibel direkt nicht zu finden ist, so sind doch das Wesen oder die Eigenschaften seelsorgerlichen Handelns in zahlreichen Bibelstellen zu entdecken.

Insbesondere die seelsorgerliche Relevanz der Gemeinde bleibt sowohl in vielen Schulungseinrichtungen als auch in zahlreichen Büchern immer wieder unterbelichtet.

Nur wenige Bücher haben den Schwerpunkt auf die Gemeinde und damit auf die gemeindeorientierte Seelsorge gelegt. Die wenigen Arbeiten, die sich mit der Frage der Seelsorge in einer Gemeinde beschäftigen, kamen häufig zu einer Definition von Seelsorge, die Seelsorge als ein weites Gebiet beschreibt, das sich aus verschiedenen Bereichen des Gemeindelebens zusammensetzt. Häufig werden dabei drei Bereiche unterschieden, die von Definition zu Definition nicht immer ganz deckungsgleich sind, aber sich doch teilweise ähneln.

Ausgehend von diesen Arbeiten und durch die Erfahrung meiner Vorgänger als Seelsorgereferenten am Missionshaus Bibelschule Wiedenest, Luise und Hermann Eyl, und das eigene Erleben als Seelsorgereferent in der Gemeindearbeit und persönlichen Seelsorge hat sich immer deutlicher ein Seelsorgekonzept für die gemeindeorientierte Seelsorge herauskristallisiert. Dieses Konzept haben Luise und Hermann Eyl, meine Frau Ele und ich in dem 3-Ebenen-Modell der Seelsorge veranschaulicht.

3 Das 3-Ebenen-Modell der Seelsorge

Schaut man sich die Aussagen in der Bibel, die viele Menschen automatisch dem Bereich der Seelsorge zuordnen, etwas systematischer an, dann entdeckt man folgende Struktur:

Da gibt es Stellen, die typische **seelsorgerliche Begriffe** enthalten. Hier sind das Trösten (2Kor 1,3–4; 1Thess 2,12), das Ermutigen/Ermahnen (1Thess 2,12; 5,14), das Zurechtbringen (Gal 6,1) und das Beistehen (Röm 16,2) zu nennen.

Dann gibt es biblische Aussagen, die **Geistesgaben** beschreiben, die in den Bereich der Seelsorge eingeordnet werden können. Hier sind die Gaben der Ermahnung/Ermunterung (Röm 12,7–8), der Barmherzigkeit (Röm 12,8), der Hilfeleistungen (1Kor 12,28) und des Hirtendienstes (Eph 4,11) zu nennen, wobei die letzte Gabe mit einer konkreten Position in der Gemeinde verbunden ist.

Schließlich finden wir Berichte, die **seelsorgerliche Handlungen** beschreiben. Hier sind z. B. zu nennen: die Heilung eines Gelähmten (Mk 2,1–12), der barmherzige Samariter (Lk 10,25–37), die Heilung eines Kranken am Teich Bethesda mit der markanten Aussage „Willst du gesund werden?“ (Joh 5,1–16), das Gespräch Jesu mit Petrus (Joh 21,15–23), die seelsorgerliche Beratungstätigkeit, die Paulus gegenüber Timotheus leistet (1Tim 4,12–16) und das Gebet der Ältesten für Kranke (Jak 5,13–17).

Diese Vielfalt von Begriffen und Gaben, die in den Bereich der Seelsorge fallen, sowie die Fülle von seelsorgerlichen Handlungen werden in dem „3-Ebenen-Modell der Seelsorge“ aufgegriffen.

Diese Liste an Bibelstellen könnte man bei allen Bereichen noch weiterführen. Diese Vielfalt von Begriffen und Gaben, die in den Bereich der Seelsorge fallen, sowie die Fülle von seelsorgerlichen Handlungen werden in dem „3-Ebenen-Modell der Seelsorge" aufgegriffen.

Das 3-Ebenen-Modell der Seelsorge gliedert sich in:

1. Ebene: Basisseelsorge – der seelsorgerliche Umgang aller miteinander – Röm 14,1–3.10; 15,1.7 (z. B. Freundschaften, Gebetszweierschaften, Kleingruppen, Hauskreise, Krankenbesuche bei weniger schwerer Krankheit)

2. Ebene: Strukturierte Seelsorge – die Seelsorge, die berät, aufdeckt – Gal 6,1–2, 1Tim 4,12–5,2 (häufigere Gespräche zu einem bestimmten Thema mit einer erfahrenen Person, die eventuell bestimmte Fachkenntnisse besitzt)

3. Ebene: Begleitende Seelsorge in schweren Krisen – das Zusammenwirken von Seelsorgern und Fachkräften ist zentral. Eine notwendig gewordene Behandlung durch Ärzte, Psychologen oder Therapeuten, eventuell im Krankenhaus, wird seelsorgerlich von fachlich erfahrenen Geschwistern begleitet, unter Einbeziehung der Ältesten. Zu dieser Ebene gehören auch Krankenbesuche bei körperlich Schwerkranken oder Menschen mit schweren psychischen Erkrankungen (Jak 5,13–17; 1Thess 5,12–14).

Das 3-Ebenen-Modell der Seelsorge

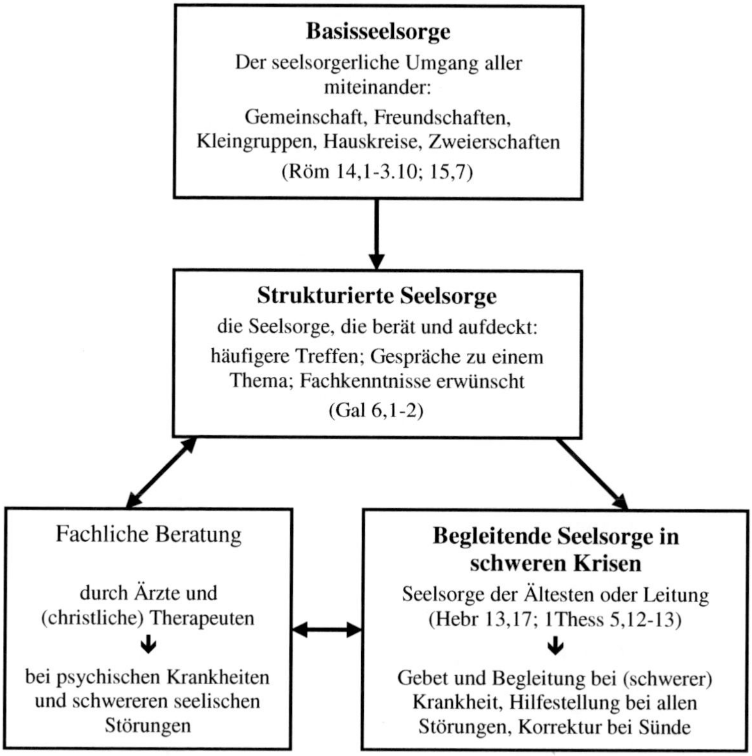

Der Wahl des Begriffes „Ebene“ und die entsprechende grafische Darstellung soll nicht ausdrücken, dass es hier eine wertvollere und wichtigere Ebene gibt und eine untergeordnete, nicht so relevante Ebene. Ganz im Gegenteil, alle Ebenen sind wichtig und ergänzen sich gegenseitig.

Der Begriff der Ebene soll aber verdeutlichen, dass es unterschiedliche Bereiche gibt, bei denen von Bereich zu Bereich, also von Ebene zu Ebene, eine Steigerung der Schwierigkeit bzw. eine Verringerung der Anzahl der seelsorgerlich Aktiven in einer Gemeinde stattfindet. Die Steigerung von der ersten Ebene – der Basisseelsorge – bis zur dritten Ebene – begleitende Seelsorge in schweren Krisen – ist in der Schwierigkeit der Problematik des Notleidenden zu finden. Damit verbunden ist auch eine zunehmende Qualifizierung und Erfahrung des seelsorgerlich Aktiven von der ersten zur dritten Ebene erwünscht. Der seelsorgerlich aktive Personenkreis verringert sich aber von Ebene zu Ebene. Sind in der Ebene der Basisseelsorge alle Gemeindeglieder gefragt, wenn es z. B. um das Trösten und die Fürbitte für ein arbeitslos gewordenes Gemeindeglied geht, das dadurch eine kurzzeitige depressive Verstimmung hat, so werden es bei einer schweren Depression, die immer wieder auftaucht, nur noch wenige geschulte seelsorgerlich Aktive in der Gemeinde sein, die begleiten. Daneben wird – hoffentlich – eine gute fachärztliche Behandlung stattfinden.

Für alle drei Ebenen gilt, dass das seelsorgerlich aktive Gemeindeglied, der Seelsorger, der Lebensberater, der Therapeut oder Arzt, im permanenten Gespräch mit Gott sein sollte. Die Nutzung von Modellen, Strukturen und eine Begleitung muss immer auf dieser Grundlage geschehen.

Wichtiges Anliegen des 3-Ebenen-Modells der Seelsorge ist, dass die Seelsorge in die Gemeinde integriert ist. Dies schließt in Einzelfällen aber nicht aus, dass auch auf erfahrene Seelsorger und Berater von anderen Gemeinden zurückgegriffen wird. Es ist eine allgemeine Erfahrung, dass viele Menschen bestimmte Probleme (z. B. Sexualität, Ehekrise) lieber mit einem Christen besprechen, dem sie nicht zwei- bis dreimal pro Woche in der eigenen Gemeinde begegnen. Dieses Anliegen ist nachvollziehbar, sollte aber nicht dazu führen, dass Seelsorge grundsätzlich außerhalb der Gemeinde stattfindet. Gerade die Basisseelsorge wird überwiegend in der Gemeinde angesiedelt sein, ebenso wie dies im Bereich der Seelsorge der Ältesten in der dritten Ebene der Fall ist.

Wichtiges Anliegen des 3-Ebenen-Modells der Seelsorge ist, dass die Seelsorge in die Gemeinde integriert ist.

4 Die praktische Umsetzung des Modells in der Gemeinde

Schauen wir uns zur **Basisseelsorge** die Stelle aus Röm 15,1 an: „Wir aber, die Starken, sind verpflichtet, die Schwachheit der Kraftlosen zu tragen und nicht uns selbst zu gefallen. Jeder von uns gefalle dem Nächsten zum Guten, zur Erbauung." Diese Stelle stellt besonders die Frage, wer hier der Starke und wer der Schwache, der Kraftlose ist. Dabei muss man berücksichtigen, dass auch ein ganz „starker" aktiver Christ, der für Gott seine Gaben einsetzt und in der Gemeinde mitarbeitet, der mit seinem Herrn regelmäßig ausführlich im Gespräch ist, durch eine Krise – z. B. eine schwere körperliche Erkrankung – zu einem schwachen und zweifelnden Menschen werden kann. Der Starke kann schnell zum Schwachen werden und der Schwache durchaus auch einmal zum Starken. Die Frage, die uns dieser Text im Blick auf die Gemeindepraxis stellt ist aber: Wie erkennen wir in unserer Gemeinde, wenn jemand „schwach" ist, wenn er nicht mehr kann? Welche Berührungspunkte gibt es? Welche Gemeindeveranstaltungen gibt es, in denen du wirklich merken kannst, wie es einer Person geht. Das ist häufig nicht der Gottesdienst, da dieser nicht der Ort für Gespräche ist, aber dafür das Kaffeetrinken nach dem Gottesdienst oder das Gemeindemittagessen, solange es nicht durch Programmbeiträge oder Informationen überfrachtet ist, sondern wirklich Raum zum Gespräch gibt. Harald Petersen geht in seinem Beitrag besonders auf die Basisseelsorge ein und zeigt, dass hier jedes Gemeindeglied gefragt ist.

Wie erkennen wir in unserer Gemeinde, wenn jemand „schwach" ist, wenn er nicht mehr kann?

Im Blick auf die **strukturierte Seelsorge** konfrontiert uns Gal 6,1–2 z. B. mit wichtigen Fragen: „Brüder, wenn auch ein Mensch von einem Fehltritt übereilt wird, so bringt ihr, die Geistlichen, einen solchen im Geist der Sanftmut wieder zurecht. Und dabei gib auf dich selbst Acht, dass nicht auch du versucht wirst!" Hier geht es um Fehltritte eines Menschen, und es geht darum, ihn mit sanftmütigem Geist wieder zurecht zu bringen. Dies sollen geistliche Menschen tun. Was macht einen geistlichen Menschen aus? Ein wesentlicher Aspekt ist sicher, dass er ein lebendiges und regelmäßiges Gespräch mit Gott hat. Obwohl er geistlich ist, besteht aber die Gefahr, dass er auch versucht wird, auch Verfehlungen begehen kann. Der Geistliche steht nicht über dem Ratsuchenden, dem der fehlgetreten ist, sondern beide stehen gemeinsam vor Jesus.

Diese Stelle weist auch darauf hin, dass es sich bei solch einem „Zurechtbringen" oft um einen seelsorgerlich strukturierten Prozess handeln kann. So heißt es: „So helft ihm wieder zurecht mit sanftmütigen Geist". Ein sanftmütiger Geist wird sich Zeit nehmen, wird nicht in einem Gespräch gleich alles versuchen zu klären. Er schaut, wo der andere steht, was zunächst der erste Schritt im seelsorgerlichen Prozess ist. Man strukturiert im Dialog mit Gott das Gespräch und überlegt, wann was zu sagen ist. Ein zweiter Punkt, aus dem sich der prozesshafte Verlauf bei einem sanftmütigen Vorgehen erkennen lässt, ist der Hinweis, dass man selbst versucht werden kann. In einem einmaligen Gespräch ist dies nicht so wahrscheinlich. Ist man aber mit einem Menschen immer wieder über einen Prozess hinweg im Gespräch, kennt seine schwierigen Gedanken (z. B. gerade im sexuellen Bereich) und wie er in sündiger Form seine Bedürfnisse befriedigt (vielleicht durchs Internet), dann wird man eventuell selbst neugierig, kommt auf Ideen und hat Informationen erhalten, die man alleine so nicht gehabt hätte.

Eine seelsorgerliche prozesshafte Begleitung wird in der Beziehung zwischen Paulus und Timotheus deutlich.

Eine seelsorgerliche prozesshafte Begleitung wird in der Beziehung zwischen Paulus und Timotheus deutlich. Paulus kennt Timotheus sehr gut, er hat ihn berufen (s. Apg 16) und ihn auf seine Reise mitgenommen. Einige Zeit später kommt Timotheus in eine Krise, in diesem Fall eine Dienstkrise, von der wir in 1Tim 4,12–5,2 erfahren. Paulus hört von der Situation, und er schreibt Timotheus in diesen wenigen Versen tröstende, ermutigende, ermahnende, warnende und beauftragende Worte. Paulus hat da nicht einfach los geschrieben, sondern er hat sicher intensiv überlegt und gebetet, um zu erkennen, wie er Timotheus in der Not helfen kann. Diese Verse sind ein Beispiel für ein strukturiertes Gespräch bzw. hier ist ein strukturierter Briefabschnitt, in dem erst getröstet, dann ermutigt, dann aber auch ermahnt und gewarnt wird.

Dieses Beispiel sollte besonders Menschen, die mit einem hohen zeitlichen Aufwand in der Gemeinde tätig sind, mahnen und ihnen nahe legen, sich einen „Paulus", also einen Christen zu suchen, der sie in einer Dienstkrise so begleiten kann, wie dies Paulus hier tat. Ich kann mir vorstellen, dass Timotheus ohne diese seelsorgerliche Begleitung des Paulus damals einfach irgendwann weggelaufen wäre.

Wenn man sich in der Bibel die Beziehungen zwischen ganz verschiedenen Menschen anschaut (z. B. Paulus und Timotheus, Jesus und seine Jünger, ...), erkennt man, dass es sich oft auch um seelsorgerliche Prozesse in diesen Beziehungen handelte und es nicht nur einen, sondern mehrere Kontakte und Gespräche gab. Bei schwierigeren Nöten wird häufig nicht ein Gespräch ausreichen, es bedarf eines seelsorgerlichen Prozesses mit mehreren Gesprächen, in denen der seelsorgerlich Aktive sehr genau sein Vorgehen überlegt – und damit das Gespräch strukturiert. Eine Gemeinde sollte zudem auch Strukturen entwickeln, die einem helfen, bei Anfragen zügig und konkret Hilfe zu vermitteln. Es ist so viel wert, wenn du bei einer Frage, wie: „Kennst du jemanden, der mir seelsorgerlich gut helfen kann? Ich kann jemandem nicht vergeben ..." schnell eine begabte Person in deiner Gemeinde weiterempfehlen kannst. Vielleicht lautet die Frage aber auch: „Kennst du jemanden, der mir seelsorgerlich gut helfen kann, aber vielleicht nicht in unserer Gemeinde ist, denn das ist ein sehr persönliches Thema, was mich beschäftigt." Dann ist es gut, wenn du sofort sagen kannst: „Ja, da gibt es gute Erfahrungen mit ..., hier ist seine Nummer." Aber um so reagieren zu können, muss man sich über die seel-

Eine Gemeinde sollte Strukturen entwickeln, die einem helfen, bei Anfragen zügig und konkret Hilfe zu vermitteln.

sorgerlichen Strukturen der eigenen Gemeinde Gedanken gemacht haben.

Hier noch ein Hinweis zum Thema Vergebung. Gerade das Thema Vergebung ist häufiges Gesprächsthema in der Seelsorge, das durch einen strukturierten Seelsorgeprozess begleitet werden muss. Hier bietet Martin Scharnowski in seinem Ausführungen (s. Beitrag VII) sehr konkrete Hilfen an.

Zur dritten Ebene – **die begleitende Seelsorge in schweren Krise**. In 1Thess 5,12–13 heißt es: „Wir bitten euch aber, Brüder, dass ihr die anerkennt, die unter euch arbeiten und euch vorstehen im Herrn und euch zurechtweisen, …“ Vorsteher in der Gemeinde, Älteste und Leiter, haben eine besondere Verantwortung. Sie müssen manchmal zurechtweisen. Manchmal müssen sie sogar Gemeindezucht üben. Im Beitrag VI bearbeitet Matthias Schmidt dieses schwierige Thema, deshalb möchte ich hier nicht darauf eingehen.

Älteste haben aber nach Jak 5,13–17 auch die Aufgabe zu kommen, wenn sie von Kranken gerufen werden. Die Ältesten sollen beten und mit Öl salben. Ich erlebe oft, dass in Gemeinden Menschen krank sind, z. B. chronisch krank. Aber sie rufen nicht die Ältesten. Fragt man, warum sie sich nicht an die Ältesten wenden, dann antworten einige: „Ach, so schlimm ist es auch nicht.“ Schade, wir sollten die Möglichkeiten nutzen, die uns Gott gibt. Ich merke bei mir, dass mir dieser Aspekt auch immer wieder verloren geht, dabei ist er so klar in Gottes Wort beschrieben.

In dieser dritten Ebene – manchmal schon in der zweiten – kann es dann auch dazu kommen, dass eine psychiatrische oder psychotherapeutische Begleitung notwendig wird. Hier gibt es in der Christenheit sehr unterschiedliche Sichten, die oft sehr emotional diskutiert werden. Helge Stadelmann hat sich in seinem Beitrag diesem Themengebiet ausführlich gewidmet. Deshalb sei an dieser Stelle auf seinen Beitrag V verwiesen.

Hier sei aber schon erwähnt, dass ich davon überzeugt bin, dass es in jeder etwas größeren Gemeinde einige wenige Menschen geben sollte, die sich mit psychischen Krankheiten etwas auskennen. Sie werden im seelsorgerlichen Prozess z. B. erkennen, dass ein zerstückelter Schlafrhythmus mit großen Schwierigkeiten, morgens aus dem Bett zu kommen, auf eine Depression hinweisen kann. Oder sie haben z. B. eine Vorstellung davon, was Zwangsgedanken und Zwangshandlungen sind und zu welchen absurden Verhaltensweisen sonst völlig normale Menschen plötzlich gezwungen werden. Diese wenigen seelsorgerlich erfahrenen Menschen sollten die Grenzen der Seelsorge gut kennen und wissen, wann medizinische oder therapeutische Fachkräfte involviert werden müssen.

Insgesamt stellt sich die Frage, welches Team sich in deiner Gemeinde dafür verantwortlich zeigt, dass die drei besprochenen Ebenen dieses Modells der Seelsorge wirklich in die Praxis umgesetzt werden! Konkrete Ausführungen – gerade auch, wie Gemeindeglieder verschiedener Generationen in der Seelsorge zusammenarbeiten könnten – finden sich im Beitrag III von Ralf Kaemper und im Beitrag IV von Matthias Burhenne.

Ich bin davon überzeugt, dass es auch in der gemeindeorientierten Seelsorge ohne konkrete Verantwortlichkeit und begabte Leiter kaum Fortschritte geben wird.

Ich bin davon überzeugt, dass es auch in der gemeindeorientierten Seelsorge ohne konkrete Verantwortlichkeit und begabte Leiter kaum Fortschritte geben wird, um eine Gemeinde in Richtung einer seelsorgerlichen Gemeinde zu verändern.

Nachfolgend ist ein Fragebogen aufgeführt, der kopiert werden darf und eine gute erste, einfache Möglichkeit bietet, die seelsorgerliche Qualität deiner Gemeinde zu überprüfen.

Fragebogen für eine erste Analyse der Seelsorgearbeit in einer Gemeinde

Fragen zur Ebene der Basisseelsorge

Wo – bei welchen Veranstaltungen – in der Gemeinde könnten sich Personen öffnen und durchblicken lassen, wie es ihnen wirklich geht?

....

....

Wie viele Personen in deiner Gemeinde haben keine guten Freunde oder Vertrauenspersonen, an die sie sich in der Not wenden würden?

....

....

Gibt es eine Kleingruppenstruktur in deiner Gemeinde (z.B. Hauskreise, Gebetskreise, ...)? Und wie viel Prozent der Gemeindeglieder sind in solchen Kreisen?

....

....

Gibt es eine Kultur der Gebetszweierschaften in deiner Gemeinde?

....

....

Fragen zur Ebene der strukturierten Seelsorge

Wissen „Neue“, zu wem sie in der Gemeinde gehen können, wenn sie eine Not haben? Gibt es Geschwister, die Erfahrung haben, jemanden längerfristig zu begleiten und die auch erkennen, wann Fachkräfte hinzugezogen werden müssen?

....

....

Was würdet ihr machen, wenn jemand euch sagt, er sucht jemanden für ein seelsorgerliches Gespräch, aber aus einer anderen Gemeinde? Kennt ihr jemanden?

....

....

Fragen zur begleitenden Seelsorge in schweren Krisen
Was würdet ihr machen, wenn euch jemand in einem Gespräch sagt, dass er es nicht schafft, zu Hause den Herd auszumachen und die Küche zu verlassen, ohne 30 min lang immer wieder geprüft zu haben, ob der Herd wirklich aus ist? Oder wenn euch jemand sagt, dass er seit drei Wochen überhaupt keine Freude mehr am Leben hat und es morgens manchmal nicht schafft aufzustehen, bzw. manchmal erst zum Mittagessen oder Abendessen aufsteht?

....

....

Gibt es Personen bei euch in der Gemeinde, die erkennen würden, dass es sich beim ersten Verhalten wahrscheinlich um ein Zwangsverhalten handelt und beim zweiten um eine Depression und dass in beiden Fällen wahrscheinlich ein paar gut gemeinte Sätze, wie: „Gott wird schon nicht zulassen, dass dein Haus abbrennt" oder „Gott schenkt dir so einen schönen Tag, da solltest du nicht im Bett liegen bleiben" nicht viel weiterhelfen?

Ja ☐ Nein ☐

Hättet ihr Adressen, wo sich jemand hinwenden kann?

Ja ☐ Nein ☐

Fragen zur seelsorgerlichen Struktur in deiner Gemeinde
Gibt es eine Person oder einen Kreis in der Gemeinde, der die verschiedenen Anliegen (z.B. Besuchsdienste, seelsorgerliche Gespräche, Infos über Fachkräfte,...) der Seelsorge koordiniert und für die Gemeinde weiterentwickelt?

Ja ☐ Nein ☐

Welche Aufgaben hat dieser Kreis bisher und welche Aspekte der 3 Ebenen fehlen noch?

....

....

II Basisseelsorge in der Gemeinde

Harald Petersen

1 Beziehungen in der Krise

Beginnen wir mit Gedanken des Apostels Paulus von der Gemeinde als einem Leib, einem lebendigen Organismus. Sie können das in Eph 4,1–16 und 1Kor 12,12–31 nachlesen.

Lassen Sie uns an diesem Bild entlanggehen, denn diese Vorstellung hat Paulus sehr inspiriert, so dass er ein bisschen überspitzt hat. Man muss sich das einmal vorstellen, er hat gesagt: „Was wäre das denn für ein Leib, wenn der nur aus dem Auge besteht? Oder wenn einer sich gegen den anderen aufspielt." Plötzlich merken wir, dass Paulus so richtig drin war in der Gemeinde. Er kannte die „Pappenheimer" damals. Und Gott kennt uns heute.

Oft wird in Gemeinden das Lied gesungen „Gut, dass wir einander haben". Das löst bei mir gemischte Gefühle aus. Und ich vermute, nicht nur bei mir. Weil das zunächst einmal nur Theorie ist. Wir reden heute von Gemeindebeziehungen in der Krise. Und manchmal, wenn ich das Lied singe oder mitsingen soll, dann lasse ich es lieber. Es gibt so viele einzelne Geschwister, die würden lügen, wenn sie das Gesamte der Gemeinde im Blick haben und singen: „Gut, dass wir einander haben." Die würden auch lügen, wenn sie glauben, dass jeder in der Gemeinde wahrnimmt, wenn einem anderen irgendwas weh tut. Wir sind oft blind für das, was den anderen bewegt.

Wir sind oft blind für das, was den anderen bewegt.

Ich denke beim Bild vom Leib auch an ein Skelett. Da wird deutlich: Der Leib besteht aus Knochen – logischerweise, die tragen diese ganze Konstruktion, die Gott geschaffen hat – und dann sagen wir mit Paulus: „Das Haupt ist Christus". Nun könnten ja die Zehen sagen: „Das Haupt ist weit weg. Wir machen hier unsere eigenen Kämpfe. Was juckt mich, was das Haupt sagt. Ich bin weit weg an den Gliedmaßen."

Wir spüren in den Gemeinden Reibung. Ich denke dabei an Menschen, die Arthritis oder Arthrose haben, wo also die Knochen aufeinander reiben, weil die Knorpelschicht abgenutzt ist. Und ich weiß von diesen Leuten, dass sie enorme Schmerzen haben.

Auch das steckt für mich in dem Bild, das Paulus gebraucht, mit drin. Wenn ich in die Gemeinden hineinschaue, habe ich das Gefühl, dass es in den Gemeinden ebenfalls viel „Arthritis und Arthrose" gibt. Weil die Reibung unheimlich wehtut. Bedenken wir: Welche Leute sitzen da eigentlich mit mir in der Gemeinde? Wir bilden gemeinsam den Leib Christi, aber die Chemie stimmt hinten und vorne nicht. Man kann sich die Anderen ja auch nicht aussuchen und sagen: „Den lassen wir rein und den lieber nicht." Wir haben zwar Aufnahmekriterien für Gemeinden, bei denen wir zumindest doch einig sind und sagen: „Wenn jemand an Jesus Christus glaubt, dann ist das wesentliche Kriterium erfüllt." Dann kann ich nicht sagen: „Ich hätte ihn gern ein bisschen jünger, und ein paar mehr Haare würden ihm auch gut stehen. Und sein Charakter ist auch nicht ganz so einwandfrei. Wie soll der in unseren Hauskreis passen?"

Wir bilden gemeinsam den Leib Christi, aber die Chemie stimmt hinten und vorne nicht.

Nicht wir, sondern Gott bzw. Christus fügt die Menschen ein in diesen Leib, und hier sitzen sie neben mir und neben Ihnen, ob's uns passt oder nicht. Wir reiben uns aneinander – wir kommen gleich noch auf diese Auslöser für diese Reibung – und mir fiel ein Bild ein. Für mich ist Christus auch so etwas wie der Knorpel. Ich sehe ihn nicht nur als Haupt, weit weg, sondern ich sehe ihn als den, der die einzelnen Geschwister, die einzelnen Knochen, wie Knorpel verbindet und dafür sorgt, dass man miteinander funktioniert. Denn bei Arthrose geht es irgendwann nicht mehr. Es tut nicht nur weh, es geht einfach nicht mehr. Und wenn wir Christus nicht haben in der Gemeinde, dann geht manches auch nicht mehr. Dann haben wir uns gegenseitig das Leben so schwer gemacht mit dem, was wir für richtig halten, mit den Überzeugungen, die wir haben, mit der Geschichte, die wir mitbringen, und mit dem Leiden an unserer Andersartigkeit. Wenn Christus nicht so etwas ist wie Knorpel zwischen den Einzelnen, der das geschmeidig und beweglich hält, dann sieht es auch schlimm aus um uns.

Er ist das Haupt und von dort, sagt Paulus, wird dieser Organismus gesteuert. Er ist auch der – und das ist ja zentrales Thema des Neuen Testamentes –, der uns helfen will, wenn es zu Verletzungen gekommen ist, damit wir uns vergeben können. Und ich setzte hier auch einfach schon Wissen voraus. Wissen – ob es auch gelebte Praxis ist – das ist eine andere Frage. Darum nachfolgend vier Aspekte, durch die Beziehungen in die Krise kommen können.

1.1 Vergebung

Jesus wird gefragt in Mt 18,21–22: „Wie oft denn, reicht es siebenmal siebzigmal?“ Sie kennen seine Antwort. Er sagt eben nicht: „Ist okay, rechnen wir das mal aus. Wenn du das schaffst, bist du gut.“ Es geht um einen Lebensstil. Es geht darum, dass wir aus der Vergebung heraus den anderen annehmen und in diesem ganzen Organismus einer Gemeinde ihm einen Platz einräumen. Eben nicht den einen übergehen und uns über den anderen stellen.

Man kann es in dem Bild ja mal durchspielen. Denken Sie an Ihre Gemeinde: Wo sind denn die Einzelnen? Eine Gemeinde hat ja verschiedene Arbeitszweige: Kinderarbeit, Jugendarbeit, Seniorenarbeit, musikalische Gestaltung, Diakonie usw. Es gibt Gemeinden, da ist die Kinderarbeit irgendwo ganz weit am Rande. Es gibt Gemeinden, da läuft missionarisch so gut wie gar nichts mehr. Das ist vielleicht so eine Art Blinddarm. Es ist noch da. Die Gaben wären noch da. Aber es tut sich nichts. Es gibt Gemeinden, da wollen ganz viele Auge sein und Ohr sein, also irgendwo auf der Bühne

> *Denken Sie an Ihre Gemeinde: Wo sind denn die Einzelnen? Wo kommen sie vor?*

agieren, wo alle es sehen, wo man Lob und Anerkennung bekommt und dicht am Haupt ist. Aber Fuß sein, wo man sich wirklich schmutzig macht, wenn man unterwegs ist, Dienste tut, die keiner so gerne mag – das mag man dann auch nicht. Wo würde ich denn meinen Namen einsetzen, wenn ich mir die Gemeinde vorstelle, zu der ich gehöre. Wo sehe ich mich? Als Hand oder als Teil der Hand? Das ist ja nun eins der wichtigsten Extremitäten, die wir haben. Was können wir mit der Hand nicht alles machen? Ich kann meine Kinder ohrfeigen, ich kann sie streicheln, ich kann die Bibel damit aufschlagen und in einem Pornoheft blättern. Fast alles können wir damit machen. Das wäre toll. „Herr, lass mich Hand sein."

Und wie sehe ich die anderen? Von oben herab? Ich finde das Bild schön. Bedenken Sie, wenn Sie über gemeindeorientierte Seelsorge in Ihren Gemeinden nachdenken, immer das, was Paulus hier anspricht. Dann sagt er: „Und wenn nun eins dieser Glieder leidet, leiden alle mit." Ja, das ist die Theorie. Vielleicht war das so bei Paulus. Aber die Praxis bei uns ist, dass wir es oft gar nicht mitbekommen. Und deswegen möchten wir auch da noch weiter nachdenken: Wie kommen wir denn dahin, sensibler zu werden und wahrzunehmen, was der Nächste für ein Mensch ist? Warum ist er so, wie er ist? Warum hab ich mit ihm so große Probleme? Weil er so ist, oder liegt es doch an mir selbst? Dass ich ihn nicht einordnen kann, dass ich mich ihm nicht gewachsen fühle, dass ich mir gar nicht die Mühe mache, mich hineinzudenken und wahrzunehmen, warum er leidet? Oder sind es die vorhin genannten Gründe, wo wir sagen: „Aus Angst vor Überforderung will ich lieber nicht sehen, dass ein Fuß in der Gemeinde lahmt. Oder dass manche Nervenenden nicht mehr funktionieren." Und ich lebe einfach so weiter, obwohl ich etwas weiß und erahne, weil es einfach bequemer ist.

1.2 Individualismus

Eine gewisse Gefahr steckt heutzutage im viel gerühmten Individualismus. Hinter diesem Schlagwort steht ein großes

Konstrukt an Gedanken, Umgehensweisen und Prägungen, die auch für die christliche Gemeinde nicht unbedingt gut sind. Manchmal, wenn man als Seelsorger mit einzelnen reden will, bekommt man zu hören: „Das mache ich alleine mit meinem Herrn aus." Dann steht man da. Was will man denn da noch sagen? Damit ist der Seelsorger außen vor. Individualismus prägt uns.

Es ist wichtig, darüber nachzudenken, wie sehr dieser Trend – dieses Abspalten aus Gruppierungen, jeder lebt nach seiner Fasson – in der Gesellschaft auch die Gemeinden prägt und wir uns nicht wundern müssen, wenn wir damit Probleme kriegen. Wenn wir Schwierigkeiten haben, Gemeinde als in sich geschlossenen Organismus zu verstehen, und die einzelnen uns sagen oder spüren lassen: „Ich will gar nicht so da drin sein. Ich mach das alles irgendwie mit mir und mit meinem Herrn aus, wie ich mein Christsein im Alltag lebe. Red mir doch bitte nicht in meinen Beruf rein." Man schottet sich und seine Ehe und Familie ab. Wir wissen doch oft von den anderen überhaupt nichts. Wir sitzen zwar Sonntag für Sonntag neben ihnen, hören die gleiche Predigt und singen die gleichen Lieder – aber wir wissen von den anderen manchmal erschreckend wenig.

Wie wirkt sich der Trend der Individualisierung auf deine Gemeinde aus?

Wir spalten so das Private vom Gemeindlichen ab. Wir sitzen unsere Stunden ab, und danach gehen viele relativ gerne und schnell wieder zurück in ihre Privatsphäre und machen die Tür zu. Deswegen ist Gemeindeseelsorge nicht so einfach, dass wir sagen: „Wir machen jetzt Gemeindeseelsorge. Wir schaffen Strukturen, und dann wird das laufen."

Oft fehlt das gegenseitige Vertrauen in einer Gemeinde. Es muss wieder aufgebaut werden. Das wird Zeit und Mühe brauchen und fängt mit uns an. Wachsendes Vertrauen wird dazu führen, dass wir nicht so viel übereinander, sondern miteinander reden.

Der Leib, der Individualismus – manche Geschwister erinnern mich an ein Reh in freier Wildbahn. Rehe haben eine bestimmte Fluchtdistanz. Sie lassen den Wanderer bis zu einer für sie vom Instinkt her klar definierten Nähe kommen, je nach Wind und Wetter. Dann laufen sie weg, aber oft nur ein Stück weiter und äsen wieder. Dann kann der Wanderer ein Stück hinterher, bis diese Distanz wieder erreicht ist. Das Reh bekommt Angst und läuft erneut ein Stück weiter. Es haut nicht kilometerweit ab. Es sucht sich nur wieder die Distanz, die es braucht. Das ist für mich ein typisches Bild für viele Gemeinden. Immer bedacht sein, dass der andere mir nicht zu nahe kommt. Der könnte ja mitreden wollen, der könnte ja auf die Idee kommen, als Seelsorger, Prediger oder Gemeindeleiter zu sagen: „Lass uns mal reden."

Ich bin überzeugt, Sie bekommen viel mit in Ihrer Gemeinde. Aber ich bin genauso überzeugt, dass Ihnen oft der Mut fehlt zu sagen: „Ich spreche ihn oder sie mal an." Und dann passiert genau das, dass irgendwann eine Ehe zerbricht und dass wir uns selber anklagen. Wir haben es vermutet. Wir haben doch gesehen, wie die beiden in der Gemeinde miteinander umgingen, wie distanziert. Oder man bekommt mit, dass ein gestandener Bruder der Gemeinde zu Hause seine Familie tyrannisiert.

Wir bekommen vieles mit. Die Frage ist: Haben wir den Mut zu gemeindeorientierter Seelsorge? Denn gemeindeorientierte Seelsorge heißt nicht nur, dass ich da bin, eine Funktion habe mit der Haltung: „Wer etwas will, kann ja kommen." Ich verspreche Ihnen: Sie kommen in der Regel nicht. Die Mehrheit kommt nicht.

Haben wir den Mut zu gemeindeorientierter Seelsorge?

Gemeindeorientierte Seelsorge hat auch diese andere Struktur, dass ich betend vor Gott überlege: „O Herr, bin ich's? Soll ich der sein, der jetzt mal allen Mut zusammennimmt und einen gestandenen Bruder daraufhin anspricht, dass er zu Hause die Kinder fertig macht, bis sie weinen?" Oder worum es auch immer geht. Hingehen. Nicht nur abwarten.

1.3 Meine Gemeinde – Lust oder Last

Einige Fragen zum Nachdenken:

- Eine christliche Gemeinde ist kein Taubenzüchterverein, kein Sportklub und auch keine politische Partei. Was unterscheidet unsere Gemeinde von solchen und anderen Gruppen? Antworten Sie nicht zu schnell, um evtl. Ihre Gemeinde zu verteidigen, sondern mit ehrlicher Überlegung.
- Warum bin ich eigentlich in dieser Gemeinde?
- Woran erkenne ich, dass es jemandem aus meinem Umfeld nicht gut geht, im ganzheitlichen Sinne (Geist, Seele und Leib)? Gelingt mir das, was Paulus sagt: „Wenn ein Glied leidet, leiden alle mit"? Erst muss man es doch wissen, bevor man mitleiden kann. Und zu dem Wissen gehört die Wahrnehmung (z. B. dass jemand schon lange nicht mehr gebetet hat, dass mir ein anderer permanent ausweicht). Merke ich, dass irgendetwas unter der Oberfläche brodelt, unter der Oberfläche, die wir so wie die Fassade eines Hauses immer wieder schön tünchen? Farbe drüber – und dahinter sieht es aus wie in einer Bruchbude. Merke ich es? Und wie komme ich vom Symptom, das ich erkenne, zum Kontakt, zum Gespräch?
- Wie verhalte ich mich selbst? Wenn es mir nicht gut geht, wie zeige ich das anderen? Oder bin ich selber so geprägt als Teil in diesem Leib, dass ich keinem etwas von mir erzähle? Oft ziehen wir uns auch selber sehr zurück. Da muss es mich doch nicht wundern, wenn ich die Geschwister wie Fremde erlebe, bis auf das kleine Grüppchen, mit denen ich im Hauskreis bin oder mit denen ich im Gottesdienstvorbereitungsteam bin. Die kenne ich. Aber die anderen?

Wie verhalte ich mich selbst? Wenn es mir nicht gut geht, wie zeige ich das anderen?

In dem Zusammenhang denke ich an die Aussage eines mir Unbekannten: „Der Mensch ist für sich selber blind; er kann sich nur im Spiegel der anderen erkennen". Wenn das stimmt, was heißt das denn?

Das heißt doch für mich als Ehemann, dass ich absolut überzeugt sein kann, ein guter Ehemann zu sein. Ob ich wirklich ein guter Ehemann bin, das kann nur meine Frau beantworten. Das kann doch nur derjenige, mit dem ich diese Beziehung habe, beantworten. Ich kann der Meinung sein, ich sei ein guter Vater. Sie müssten meine Kinder dazu befragen, denn nur sie könnten beantworten, ob ich wirklich ein guter Vater bin. Auf diese Weise würden sich die objektive und subjektive Sichtweise ergänzen.

1.4 Wahrnehmung – was bewegt und beschäftigt uns?

Spannungsbögen

Es gibt in unserem Leben viele Spannungsbögen. Diese Spannungsbögen haben mit Krisen zu tun. Wir wollen uns ein paar davon anschauen. Das sind keine typisch gemeindlichen Spannungsbögen, sondern die, die mit unserem Menschsein zu tun haben. Spannungsbogen zwischen Ist und Soll oder zwischen Geben und Nehmen.

Sie kennen es, dass jemand in der Gemeinde klagt: „Immer muss ich ran. Egal worum es geht, mich fragen sie als ersten. Ich möchte mich auch mal nur hinsetzen und nehmen dürfen." Oder manche Hausfrauen: „Ich möchte mich auch einmal an den gedeckten Tisch setzen dürfen." Weiter sind da die Spannungsbögen zwischen Wunsch und Wirklichkeit. Vielleicht zwischen dem Selbstbild, das ich von mir habe, und der Wahrnehmung durch die anderen, die vielleicht meinen: „Also, wir müssen leider sagen, dass wir ihn ganz anders erleben."

Oder denken wir an die Spannungsbögen zwischen Selbsthingabe und Selbstbehauptung, zwischen Wollen und Können, zwischen Arbeit und Freizeit, zwischen Alleinsein und Gemeinschaft, zwischen Tätigsein und Stiller Zeit, zwischen Anspannung und Entspannung, zwischen Sein und Schein, zwischen Glaube und Unglaube usw.

Diese Spannungsbögen machen etwas mit uns. Wenn ich an mir leide, spüren das meine Mitmenschen. Wenn ich ein Problem mit mir habe, spürt das irgendwann auch der eine oder andere in der Gemeinde. Nicht nur, weil sie vielleicht besonders sensibel sind, sondern weil ich sie spüren lasse, dass ich heute muffig und genervt bin.

Wenn ich ein Problem mit mir habe, spürt das irgendwann auch der eine oder andere in der Gemeinde.

Ein klassisches Beispiel aus der Erziehung: Der gestresste, genervte Ehemann kommt abends nach Hause und erteilt seinen Kindern eine schroffe Abfuhr. Die haben ihm doch gar nichts getan. Aber sein Chef hat ihm gesagt: „Die Arbeit, die du heute abgeliefert hast, kam erstens zu spät und war zweitens nicht gründlich genug, du hast Wichtiges vergessen." Dann kommt der Mann nach Hause und macht es fast genauso. Da kriegt die Frau einen Rüffel ab und auch die Kinder.

Diese Spannungsbögen bringen uns in Spannung. Da ist keine Ruhe. Da ist kein innerer Friede. Darin bewegen wir uns, und das macht auch etwas mit den anderen.

Lebenskrisen

Darüber hinaus gibt es typische Lebenskrisen, z. B. die Trotzphasen. Lebenskrisen sind ja meist Situationen, die wir nicht vor den andern verbergen können. Sie bekommen das mit. Lebenskrisen sind wie eine Leiter vom Kind zum alten Menschen, es gibt sie in allen Altersphasen. Nicht nur die Pubertierenden sind problematisch. Manchmal sind die Alten das Problem, weil sie nicht loslassen können, weil sie stur sind, weil sie gefangen sind in alten Denkstrukturen. Weil sie Angst haben vor Neuem, weil sie vielleicht etwas über den Haufen werfen müssen, wovon sie ihr Leben lang überzeugt waren.

Meine Krise kann ich vor anderen nicht verbergen. Meine Kinder können vor mir nicht verbergen, dass sie in der Pubertät sind. Das fordert uns als Eltern heraus. Das ist wie in dem Leib. Denken wir an die Knochen – manchmal ganz schön hart, wie das miteinander reibt. Das erleben wir auch in der Gemeinde, z. B. beim Ende der Zwanziger, die dritte Pubertät nennt man das. Dann die Krise der Lebenswende. Dann die Alterskrisen, die z. B. damit zu tun haben, wann und unter welchen Vorzeichen jemand aus dem Beruf ausscheidet. Dazu gehören auch die Entwicklungen, die mit unserem biologischen Körper zu tun haben. Vieles geht nicht mehr, wenn man alt wird. Man hört nicht mehr so gut, man muss in der Gemeinde sagen: „Kannst du mal lauter reden?“ Und vorne meckern sie wieder: „Setz dich doch in die erste Reihe.“

Seelische Verletzungen

Gehen wir weiter in den Beziehungsabläufen. Seelische Verletzungen, ein heikles Thema. Beziehungen in der Krise haben zum großen Teil mit Verletzungen zu tun. Manchmal bin ich in Gemeinden und frage mich: „Wer hat denn eigentlich mit wem das Problem?“ Und wenn man nachfragt, bekommt man oft keine klare schlüssige Antwort. Also liegt die Vermutung nahe, dass bereits die Elternpaare miteinander ein Problem hatten. Das ist schon uralt. Die Kinder haben es übernommen. Es ist inzwischen „normal“, dass diese beiden Familien in der Gemeinde nichts miteinander zu tun haben. Alte, sehr belastende Hypotheken aufgrund von Verletzungen.

Was verletzt dich in deiner Gemeinde? Wo schleppst du etwas mit dir rum.

Und was ist das, was uns verletzt? Sarkastische Bemerkungen zum Beispiel oder zu hören, dass man für bestimmte Aufgaben doch nicht gut genug ist: „Ach, lass mal die anderen“. Also abwertende Äußerungen. Auch in der Erziehung: „Komm, lass mich das mal selbst machen“. Oder das Erleben, in der Gemeinde ausgenutzt zu werden. Wenn man das Gefühl hat, dass man gut genug ist, wenn's um die Arbeit geht – aber wenn es um mich als Menschen geht, dann kommt keiner. Das tut weh.

Was uns verletzt, sind auch Neid und Eifersucht in der Gemeinde. Oder Beleidigungen und dieses Reden hinten herum mit den einleitenden Worten: „Sag's aber keinem weiter.“ Wenn diese Geschwister wüssten, wie viel Schaden sie dadurch in der Gemeinde anrichten. Oder die bittere Erfahrung, von Freunden verlassen zu sein.

Seelische Verletzungen entstehen auch, wenn Vertrauen missbraucht wurde. Da bleibt Angst zurück. Da ist es schwierig, Gemeinde zu bauen. Da können wir unsere Konzepte vergessen, da müssen wir an die Grundlagen zurück bis hin zur Vergebung, zur Aufarbeitung und zur Wahrnehmung: Was ist denn eigentlich der Auslöser?

Seelische Verletzungen entstehen, wenn Vertrauen missbraucht wird.

Wenn man eine Strickjacke anhat und sie zuknöpft, dann passiert es schon mal, dass man am Ende feststellt: Ich hab einen Knopf über. Das ist für mich ein einfaches Bild dafür, dass am Anfang etwas falsch gelaufen ist. Der erste Knopf ist versehentlich ins zweite Knopfloch geraten. Und dann muss man die ganze Jacke wieder aufmachen und danach noch einmal von vorne anfangen. Wenn wir in den Gemeindebeziehungen solche tiefen Nöte haben, hilft es nicht, zu sagen: „Wir knöpfen mal ein, zwei Knöpfe zurück und wollen dann um des lieben Friedens willen möglichst schnell wieder nach vorne gucken." Dann bekommt man einen ganz blöden Buckel in der Jacke. Es geht nicht. Nicht wirklich. Man muss ganz vorn anfangen.

Auf die Gefahr einfacher Wege und schneller Abkürzungen möchte ich eingehen, und zwar anhand des Christushymnus aus Phil 2,5–11. Jesus war bei Gott, aber er ging aus Gehorsam den Weg in die Welt voller Sünde. Er wurde Mensch und an Gebärden wie ein Mensch. Er konnte lachen und weinen, Kinder in den Arm nehmen und die Händler aus dem Tempel vertreiben – alles. Er war gehorsam bis zum Tod. Das war der Tiefpunkt seiner irdischen „Karriere". Aber kurz vorher in Gethsemane hat Jesus gebetet: „Vater, gibt's eine Möglichkeit, dass dieser Kelch an mir vorbeigeht?" Auch Jesus hätte sich eine einfachere Lösung gewünscht, wenn es möglich gewesen wäre. Vergessen wir nicht, was unser Text sagt: Er war ein Mensch wie wir, mit Ängsten. Darum seine Frage an Gott. Aber dann hat er gesagt: „Vater, im Gehorsam dir gegenüber geh ich bis zur untersten Stelle, zum Kreuz, in den Tod, in die Gottverlassenheit."

Und dann sagt Paulus: „Darum, weil er nicht die schnelle Lösung durchboxen wollte, darum hat Gott ihn erhöht, hat ihm einen Namen gegeben, der über alle Namen ist.“

Achten wir in der Seelsorge darauf, dass wir nicht vorschnell Abkürzungen suchen. Nicht möglichst schnell aus einer Problematik heraus. Es gibt Situationen, da müssen wir wirklich vorgehen wie bei der Strickjacke. Sonst bleiben die Buckel. Aber das kann wehtun. Das ist für uns manches innere Sterben, Sterben dieses eigenen Ichs, der eigenen Gedanken über uns, der Fehleinschätzungen, wenn uns ein anderer sagt: „So, da hast du Mist gemacht, da kommst du nicht drum herum.“

Achten wir in der Seelsorge darauf, dass wir nicht vorschnell Abkürzungen suchen.

Dann wird Jesus Christus weiterreden, dann wird er sagen: „Wenn du etwas mit deinem Bruder zu bereinigen hast, dann lass das mit dem Opfer auf dem Altar sein. Hör einfach auf. Geh erst hin, versöhne dich erst. Kläre erst, was du mit deinem Bruder hast. Und danach komm und opfere deine Gabe“ (Mt 5,23f). In unseren Köpfen ist es drin, wir sind vielfach so geprägt, immer erst das Geistliche zu wollen und zu sollen. Jesus sagt: „Nein, hör auf mit dem Opfer.“ Nicht: „Mach es erst einmal fertig“. Im Prinzip sagt Christus: „Das Opfer kommt bei Gott nicht an. Der hat keine Freude daran, wenn du irgendetwas für ihn tust, dir die Beine ausreißt und noch so aktiv in der Gemeinde bist. Aber in deinem Herzen und deinen Beziehungen, da ist es wie hinter der glänzenden Fassade, da ist eine Bruchbude, sind Probleme, besteht Einsturzgefahr.“ Jesus sagt klar: „Geh erst hin. Hör auf, denn nicht das Geistliche steht immer an erster Stelle. Sondern das Menschliche ist angesagt.“

Und hier wird der versöhnende Gang zum anderen zum geistlichen Schritt. Der schmerzhafte Gang, als erster zum anderen zu gehen und zu sagen: „Entschuldige bitte. Ich hab dir etwas nachgesagt. Ich hab dir etwas vorgeworfen. Ich habe Gedanken über dich gehabt, die waren nicht gut. Ich hab dich in der Gemeinde ausgebootet. Bitte vergib mir.“ Dann wird das Herz frei, dann macht das Opfern wieder Freude. Dann ist das schlechte Gewissen weg. Nie anders herum. Aber das heißt eben: Runter bis an diese Stelle, wo ich sage: „Ich versöhne mich mit dem anderen.“

Typische Krisen

Bedenken wir weiter die Gemeindetraditionen, Altersfragen, Glaubenskrisen, Identitätskrisen: Wer bin ich? Wie gehe ich mit mir selber um? Was bin ich eigentlich für ein Mensch? Also nicht nur den Spiegel im anderen suchen, sondern auch selbst überlegen: Wie sehe ich mich selbst? Wie erlebe ich mich selbst? Wie beurteile ich mich selbst? Und wie sehe ich die anderen? Wie nehme ich die Menschen wahr? Und wie sehen die anderen mich? Wie fühle ich mich in dieser Welt, in der Gemeinde, in der Gottesbeziehung?

Welche Bedeutung hat Christus in meinem Leben? Das ist keine Frage, auf die man ganz schnell antworten sollte: „Die erste, er ist Haupt, ist doch wohl klar.“ Lieber ehrlich sein, innehalten, nachdenken.

Welche Bedeutung hat Christus in meinem Leben?

Und dann wird man vielleicht sehen, dass es einige Bereiche gibt, in denen man selbst das Haupt ist, wo man ganz klar selbst die Kommandos gibt an die Nervenzellen, die dann die Muskeln und die Sehnen bewegen, nicht Christus. Da habe ich so manches, wo ich sage: „Da trenne ich Sonntagschristentum und Werktagschristentum.“

Welche Ziele verfolge ich? Welchen Grundüberzeugungen hänge ich nach? Wie heißen meine Leitmotive? Mit welchen Mitteln und Methoden verfolge ich meine Ziele? Welche Verhaltensmuster benutze ich? Reinhold Ruthe hat mal gesagt: „Tränen sind Wasserkraft.“ Mancher hat in der Gemeinde oder in der Familie mit Tränen schon etwas durchgedrückt, was er anders nicht erreicht hätte.

Also, mit welchen Mitteln und Methoden verfolge ich meine Ziele? Wie viel Egoismus schwingt da vielleicht mit? Und welche Durchsetzungstechniken wende ich an? Nicht nur mit Worten, sondern vielleicht mit dem Zeigefinger oder auch nur mit meinem Blick. Unsere Blicke sprechen manchmal Bände. Man kann eine Gemeindeversammlung leiten, fast ohne ein Wort zu sagen. Und das geht noch weiter bis in die Gebetsgemeinschaften hinein. Man weiß doch bei vielen schon, mit welchen Worten sie beten, und man erahnt bei manchen, dass dieses Gebet eigentlich (wenn sie ehrlich sind) den Bruder X und die Schwester Y meint und nicht Gott. Mit welchen scheinbar geistlichen Mitteln und Methoden versuche ich, Menschen zu manipulieren, und meine, so Gemeinde zu bauen? Und setze dabei doch nur durch, wovon ich überzeugt bin.

Mit welchen scheinbar geistlichen Mitteln und Methoden versuche ich, Menschen zu manipulieren, und meine, so Gemeinde zu bauen?

Nicht selten treffen viele der Problemfelder aufeinander, Familienprobleme, Spannungen in der Gemeinde und die eigene Midlifekrise, und dann hat man natürlich viele, viele Dinge, die die Menschen bewegen, die sie traurig machen und die sie blockieren in der Gemeindearbeit, die sie verstummen lassen aufgrund von Verletzungen. Man kommt nicht heran. Da kommt eins zum anderen.

Kennen Sie die so genannten Sprungbilder? Zeichnungen, auf denen z. B. eine alte und eine junge Frau zu sehen ist. Der eine sieht nur die alte Frau, während ein anderer widerspricht, er sieht nur die junge Frau. Optische Täuschung. Das ist für mich ein Bild für unseren Umgang miteinander. Da erliegen wir auch vielen Täuschungen in unserer Wahrnehmung. Wenn jemand sagt: „Das ist doch eine junge Frau“, dann wird ein anderer widersprechen und sagen: „Die ist doch steinalt.“ Und beide haben Recht.

Wenn ich in der Gemeindearbeit die Beziehungen sehe, dann denke ich vielleicht: „Das ist doch ganz klar.“ Und der andere wird mir sagen: „Das ist doch ganz anders.“ Vielleicht haben beide Recht. Vielleicht muss ich mich von meinem Bild lösen oder zumindest akzeptieren, dass die Sicht des anderen die gleiche Berechtigung hat wie meine. Dann kommen wir vielleicht dahin, dass es

Vielleicht muss ich mich von meinem Bild lösen oder zumindest akzeptieren, dass die Sicht des anderen die gleiche Berechtigung hat wie meine.

uns gelingt, uns in Menschen und Situationen hineinzudenken, wenn Gott uns Sensibilität und den Mut schenkt, einmal wegzusehen von uns selbst, dass wir dann wahrnehmen, welche Krisen wir in unserer Gemeinde haben.

2 Reifen in der Krise

2.1 Reifen in der Krise durch Selbstwahrnehmung

Wenn ich in einer Schwierigkeit stecke, dann erfahre ich ja nicht nur etwas über den anderen. Sondern ich erfahre auch etwas über mich. Wenn ich mit meinen pubertierenden Kindern Streit habe, dann steckt da immer auch eine Botschaft für mich drin. Oder wenn mir andere Menschen sagen, wie ich auf sie wirke, dann bin ich vielleicht geneigt zu sagen: „Nein, das kann nicht sein." Aber wenn sie sagen: „So kommst du rüber, wir erleben dich aggressiv, wir erleben dich mürrisch, du lässt andere nie ausreden", dann kann ich nicht sagen: „Das stimmt nicht." Die Wahrnehmung der anderen ist zunächst einmal ernst zu nehmen. Die Frage ist, ob ich reife, wenn ich in Beziehungen, in die ich involviert bin, merke, dass es unter der Oberfläche brodelt. Da gehört erst einmal hin, dass ich überhaupt akzeptiere, dass auch ich Teil einer spannenden Situation in der Gemeinde bin. Es sind nicht nur immer die anderen die „Bösen". Manchmal bin ich selber der Dumme, der Unbelehrbare, der zu forsch ist. Vielleicht hab ich ja sogar eine Krise ausgelöst. Und dann bekomme ich hoffentlich von Gott so viel Gnade, dass ich sage: „Ja, das habe ich verbockt. Ich bin schuld, dass sich das so zugespitzt hat, dass da etwas eskaliert ist, dass die nicht mehr mit mir reden."

Die Wahrnehmung der anderen ist zunächst einmal ernst zu nehmen.

Reifen in der Krise durch Umdenken und durch neue Ziele – das ist das, was wir jetzt ja hier tun. Sich hineindenken in eine Befindlichkeit und feststellen: So wie's gelaufen ist, war's nicht gut. Und dann überlegen, alleine betend oder mit anderen Geschwistern: Was kann jetzt besser werden? Was können wir tun, damit das Vertrauen, das einmal zerbrochen ist, sich langsam wieder aufbaut? Wie können wir dahin kommen, dass jemand um Verzeihung bittet, wenn er am andern schuldig geworden ist?

Umdenken und neue Ziele anvisieren ist im Grunde eine Kurskorrektur. Neu beginnen. Mir und dem Nächsten eine neue Chance geben. Ich sprach von manchen Situationen, wo ich den Eindruck habe, dass Personen seit Generationen schon diese Hypothek mit schleppen, dass Familie A mit Familie B nichts „am Hut" zu haben hat. Das haben die Kinder übernommen. Wer wagt da, endlich auszusteigen aus dieser tradierten Eskalation und sagt: „Wir wollen neu beginnen"? Überhaupt erst einmal dem anderen eine Chance geben und wahrnehmen, dass der andere auch ein Teil an diesem Leib Christi ist, von dem Jesus sagt, dass er sie alle von Herzen lieb hat.

Und wir kommen daher und sortieren aus und sagen: „Der passt mir nicht, der schmeckt mir nicht, der kam mir in die Quere." Jesus sagt: „Ich hab sie alle von Herzen lieb." Da liegt im Grunde der Auftrag, dass ich sage: „Wer bin ich, dass ich mit dem anderen weiter Probleme habe und mich einer Problemlösung versperre, weil mein Stolz gekränkt ist?"

Neu beginnen und kleine Schritte gehen, denn in Siebenmeilenstiefeln kommt man nicht immer zum Ziel. Man denkt, wenn man schnelle Schritte geht, dann wäre man schneller am Ziel. Als meine Kinder klein waren, schlüpften sie gerne in meine Gummistiefel im Garten, weil es ihnen Spaß machte, auf die Nase zu fallen. Und genau das passiert, wenn wir versuchen, zu große Sprünge, zu schnelle Ziele anzuvisieren. Dann kommen wir nicht klar und fallen. Ich bin sehr froh und dankbar, dass Gott auch die kleinen Schritte, die kleinen Etappen gebraucht und segnet – und manchmal nur die. Und diese wiederum erfordern manchmal viel Geduld.

2.2 Reifen in der Krise durch eigene Erfahrungen

Ich entdecke natürlich in einer so spannenden Situation, wie wir sie uns jetzt immer wieder vorstellen, auch, wie meine

Mitmenschen sich verhalten, die Geschwister in der Gemeinde. Und es ist sehr schön, wenn man merkt, dass andere ihre Hilfe anbieten. Da sind einige, die haben registriert, wie es mir geht. Die ahnen, dass ich mit jemandem in Spannung lebe. Und die bieten mir Hilfe an. Dafür kann ich erst einmal Gott von Herzen danken, auch wenn noch gar kein Gespräch begonnen hat. Danken, dass ich merke: „Mensch, so tot ist der Leib der Gemeinde ja doch nicht. So blind füreinander sind sie nicht. Es haben einige ein Augenmerk auf mich."

Reifen in der Krise, das Angebot der Seelsorge entdecken. Und jetzt setze ich mal voraus, dass jede Gemeinde ein solches Angebot haben sollte. Aber zugleich merken wir, dass es so einfach nicht ist. Man kann nicht einfach sagen: „Wir haben jetzt in der Gemeinde Seelsorge. Hier sind drei Brüder und zwei Schwestern, da könnt ihr hingehen." Weil es nicht nur um Beziehung allgemein geht, sondern um Vertrauen. Toll, wenn es das gibt. Dass mich nach dem Gottesdienst jemand zur Seite nimmt und fragt: „Wie geht's dir? Du wirkst irgendwie so bedrückt." Da fängt dann Seelsorge an. Das hat mit Wahrnehmen, mit Empathie zu tun. Dann kann ich mich darüber freuen und kann es annehmen. Und erlebe Gemeinschaft im Leib.

Reifen in der Krise, das Angebot der Seelsorge entdecken.

Aber manchmal erlebt man auch frustriert, dass man die Hilfe anderer nicht bekommt. Da kommt keiner. Ich habe gehofft. Ich habe meine Signale ausgesandt, das macht ja eigentlich jeder, der in Schwierigkeiten ist, an unterschiedlichen Stellen. Es gibt sehr, sehr verschiedene Signale. Die Frage ist, ob jemand sie wahrnimmt. Die Signale haben mit der Körpersprache zu tun, mit dem Fluchtverhalten und anderen Dingen. „Ich habe versucht, anderen deutlich zu machen wie schlecht es mir geht, – und wenn's nur durch meine mürrische Miene ist – glaubst du, da wäre einer gekommen?" Das muss ich erst mal verarbeiten, dass ich zwar von Gott in diesen Leib integriert bin, aber das Gefühl habe, die andern, Ohr und Auge und Hand, die kümmert es kaum, wie es mir geht. Das Auge interessiert sich nicht für mich als Knie, die Hand auch nicht. Das tut weh, das frustriert, das verletzt. Das können Menschen sein, die sich selber innerhalb der Gemeinde vielleicht über einen langen Zeitraum sehr intensiv eingesetzt haben – sie waren immer da, wenn einer gebraucht wurde – und jetzt hängen sie selber durch und erleben, dass das nicht gesehen wird.

Reifen in der Krise – ja, auch durch diese negativen Erfahrungen. Das muss man erst mal verkraften, Gott bitten: „Herr, lass mich jetzt nicht bitter werden." Wann hast du das letzte Mal dieses Gebet gesprochen? Es beinhaltet aber auch eine Chance, wenn die anderen nicht kommen, vielleicht die Chance, unabhängiger und selbständiger zu werden, ohne in das bereits angesprochene Extrem des Individualismus hineinzurutschen. Die Chance, zu lernen, evtl. doch alleine einen Weg zu finden.

„Herr, lass mich jetzt nicht bitter werden." Wann hast du das letzte Mal dieses Gebet gesprochen?

Und die Chance, zu lernen für den Dienst. Wenn ich nicht durch die Arbeit in der Seelsorgeabteilung des ERF und durch viele Seminare mit vielen Krisen konfrontiert gewesen wäre und die Krisen in meinem Leben mitgemacht und die Krisen in der Gemeinde, zu der ich gehöre, mit schlaflosen Nächten und Tränen miterlebt hätte, dann würde ich jetzt nur theoretisieren. Ich habe durch den intensiven Kontakt mit Menschen am meisten gelernt. Noch ein Elend, noch ein Problem, noch ein Streit, noch eine Scheidung. Das sind keine schönen Erfahrungen, man ist hinein genommen. Man lernt aber dafür viel über Menschen: Warum ziehen sich die einen denn zurück, während die anderen ganz schnell und offen über ihre Probleme reden können? Und man entdeckt etwas von der Geschöpflichkeit, die Gott in uns hineingelegt hat, von der Originalität, dass keiner ist wie der andere. Deswegen denken die anderen ja auch anders als ich. Mich gibt's nur einmal, das hat Gott so gemacht. Und die anderen sind auch Gottes Originale. In dieser Originalität muss ich sie wahrnehmen, damit ich ihnen nicht irgendetwas überstülpe, von dem ich glaube, dass es jetzt bei ihnen in der Seelsorge auch passen würde. Eine der häufigen Gefahren ist, wenn wir auf bestimmte Fragestellungen und Probleme angesprochen werden und dann anfangen zu denken, dann macht es bei uns im Gehirn „Klick". Das heißt, unser Gehirn verknüpft ältere Erfahrungen mit der jetzt gerade aktuellen Situation und Fragestellung.

Nehmen wir als Beispiel die Eheberatung. Es kommt ein Anruf. Meiers erzählen mir, dass es ganz arg wackelt zu Hause. Dann macht es bei mir als Seelsorger „Klick". Mir geht vieles durch den Kopf, was irgendwie mit Eheberatung und Scheidung zu tun hat. Ich kann das gar nicht verhindern. Es hat mit dem Gedächtnis zu tun. Wenn ich dann aber dem Fehler erliege und sage: „Aha, Meiers haben das Problem. Ich hab bei Müllers schon mal in einer ähnlichen Situation geholfen – also werde ich Meiers auch sagen, was bei Müllers geholfen hat, das muss doch passen. Ist doch auch Eheberatung." Spätestens hier muss ich merken, dass ich den Menschen nicht ernst genommen habe mit seiner individuellen Betroffenheit, und versuche, ihm ein Konzept überzustülpen. Das klappt nicht.

2.3 Reifen in der Krise durch neue Glaubens- und Gotteserfahrungen

Miterlebte und selbst erlebte Krisen machen ja als Christ etwas mit mir. Dann lese ich z. B. bei Paulus in Röm 5 diese Aufzählung: „Wir rühmen uns der Bedrängnis", sagt er. Dann überlege ich, wann ich mich zuletzt meiner Bedrängnisse gerühmt habe. Das ist lange her. Ich gehöre zu den normalen Menschen, die versuchen, aus bedrängenden Situationen so schnell wie möglich herauszukommen. Da sind wir wieder bei der Suche nach schnellen, leichten, unverfänglichen Lösungen.

Paulus sagt: „Wir rühmen uns der bedrängenden Situationen." Nun geht er natürlich von einer besonderen Situation aus, von seiner Situation oder der Situation der anderen, von Bedrängnissen, weil sie Christ waren in der damaligen Zeit. Gibt es auch für uns in diesem Text (Röm 5,1ff) etwas, was uns helfen kann, diese geistlichen Schritte von der Bedrängnis zur Bewährung, von der Bewährung zur Geduld und von der Geduld zur Hoffnung auch gehen zu können?

Ich habe es für mich gefunden. Weil Paulus in diesem ganzen Kapitel dreimal sagt: „Wir rühmen uns." Vor dieser Aufzählung sagt er: „Wir rühmen uns ... der zukünftigen Herrlichkeit, die Gott geben wird". Dann „Wir rühmen uns der Bedrängnisse", weil sie diese geistliche Entwicklung nach sich zieht. Er schließt diesen Gedanken mit dem dritten ab: „Wir rühmen uns aber auch der Versöhnung durch Jesus Christus, die für uns geschehen ist."

Die beiden Brückenpfeiler

Es hilft mir, das zu verstehen, wenn ich mir zwei dieser Aussagen wie die Pfeiler einer Brücke vorstelle. Der erste Pfeiler: „Wir rühmen uns der zukünftigen Perspektive." Wir sind nicht Gemeinde für hier und heute allein. Sondern wir sind Gemeinde auf dem Weg. Wir haben eine Perspektive von Gott, die über dieses Leben und diese Welt hinausreicht. Wenn wir diese Perspektive verloren haben, dann können wir sowieso keine Gemeinde mehr bauen. Dann sind wir nicht viel anders als ein Taubenzüchterverein. Haben wir diese Perspektive der zukünftigen Herrlichkeit, die Gott geben wird?

Der zweite Brückenpfeiler: Leben wir aus der anderen Perspektive, von der Versöhnung, die Christus schenkt und die sich in den Beziehungen auswirken soll, in denen es knartscht und reibt?

Wenn die Versöhnung uns ergriffen hat und wir aus ihr heraus leben, dann bin ich überzeugt: Auf diese beiden Fundamente „Zukunftsperspektive und Versöhnung" kann ich – wie eine Brücke auf Pfeilern – tatsächlich jedes Problem, jedes Leben und wenn es noch so schwierig ist, legen. Das wird tragen. Das ist für mich eine hilfreiche Konstruktion zu verstehen, wie Paulus das mit Bewährung und Geduld und Hoffnung gemeint hat, wenn er in so bedrückenden Lagen war. Es war in Mazedonien sogar so weit, dass sie ihm ans Leben wollten. Sie wollten ihn umbringen. Und trotzdem sagt er: „Wir rühmen uns ..." Ich verstehe ihn jetzt besser, wenn ich seine Versöhnung und seine Zukunftshoffnung bedenke. Und ich verstehe ihn auch, wenn ich an meine Gemeinde oder andere Beziehungen denke. Es klappt. Die Krise muss nicht das Problem bleiben und die Oberhand behalten. Es klappt, wenn ich mir bewusst bin, worauf mein Glaube, mein Christsein ruht. Habe ich diese Fundamente? Dann sind sie tragfähig, dann werde ich erleben: Gott geht mit mir durch die Krisen. Er geht mit mir diese Schritte, die ich manchmal nicht gehen will. Auch das sprachen wir ja bereits an. Schritte der Vergebung. Statt zu warten, dass der andere zu mir kommt und sich entschuldigt, sagt Christus: „Lass das mit dem Opfer. Geh du erst.“ Das macht keinen Spaß. Aber dann erleben wir: Gott stellt sich dazu, und dann findet es wirklich statt: Bewährung, Geduld und Hoffnung – geistliche Entwicklungen.

Statt zu warten, dass der andere zu mir kommt und sich entschuldigt, sagt Christus: „Lass das mit dem Opfer. Geh du erst.“

Reifen in der Krise – Gott kann und Gottes Wort wirkt

Ich reife in der Krise, wenn ich den Glauben habe und behalte: „Gott kann“. Das soll ein Gegenpol sein zu dem, was wir oft sagen: „Da kann doch keiner mehr was machen. Das ist alles so verfahren.“ Das stimmt ja manchmal auch. Manchmal wird man zu Situationen hinzugezogen, in denen rein menschlich gesehen nichts mehr zu bewegen ist, weil die Betroffenen viel zu lange gewartet haben. Oft aus Angst, „das Gesicht zu verlieren“ vor den andern.

Und damit sind wir bei der Frage unserer Gemeinde, unserer Verkündigung, unserer Prägung, ob man in unseren Gemeinden denn überhaupt ein schwacher Christ sein darf – oder wird man dann von den andern böse und schief angeguckt?

Wenn ich wenigstens den Glauben halten kann, egal wie verkorkst eine Situation ist: „Gott kann.“ Man muss zugleich akzeptieren, dass Gott das nicht automatisch alles macht. Und damit komme ich vielleicht selbst in eine Krise. Gott könnte diesen kranken Christen gesund machen. Gott könnte diese verkorkste Ehesituation heilen. Aber er macht es nicht an den Menschen vorbei. Und er behält sich seine Souveränität vor, wirklich von Fall zu Fall zu entscheiden, wie er es macht. Und wie er es macht, so macht er es richtig. Aber das nachvollziehen ist manchmal schwer. Es hat mit unserem Gottesbild zu tun. Haben sie schon mal gründlich über ihr Gottesbild nachgedacht?

Haben sie schon mal gründlich über ihr Gottesbild nachgedacht?

Gottesbilder prägen uns. Ich schreibe gerade ein kleines Büchlein über die Gottesbildthematik („Ist Gott wirklich so?", Johannis-Verlag), wie sehr uns etwas geprägt hat, so dass uns manchmal die Worte nicht mehr einfallen, um mit Gott zu reden. Dass manche Menschen ein durch und durch angstbesetztes „Bild" von Gott haben, total auf Leistung getrimmt, so dass das Evangelium, die befreiende Botschaft von Gottes Gnade, gar nicht in ihrem Herzen ankommt.

Reifen – dazu gehört der Mut, vielleicht etwas von dem, was meine Vorstellung von Gott geprägt hat, loszulassen. Und zu entdecken, dass meine Vorstellung von Gott mit dem Gott, wie er sich uns im Neuen Testament offenbart, nur wenig zu tun hat. Eine hochinteressante und spannende Thematik. Solche Reifungsschritte sind mit manchen Tränen verbunden.

Reifen in der Krise – Gott kann und Gottes Wort wirkt. Auch das will ich festhalten. Gottes Wort ist in sich wirksam. Es wird nicht dadurch wirksam, dass ich es lese oder dass ich möglichst viel zitiere. Sondern Gottes Wort wirkt. Das ist tröstend in Situationen, in denen mir manchmal die Worte fehlen. Ich bin mit manchen Menschen im Gespräch, suche mit ihnen eine Lösung, einen Ausweg aus einem großen Dilemma, aber mir fällt manchmal nichts mehr ein. Und in diesen Situationen darf ich glauben: Gott kann, und sein Wort wirkt. Ich kann und darf mich selber ganz weit zurückzunehmen.

Gebet ist Reden mit Gott und Hören

Gebet ist nicht nur Reden. Viele machen das so. Sie beten regelmäßig. Aber sie reden ganz viel. Manchmal frage ich: „Wo ist denn in deinem Leben und Beten der Platz, wo Gott dran ist zu reden?" Dann sagen sie: „Sonntags in der Verkündigung." Aber vielleicht will Gott ja auch aus der Stillen Zeit heraus antworten, wenn wir ihm gesagt haben: „Herr, das hätte ich gerne, das macht mir Probleme, damit komme ich nicht zurecht, bitte tu dies …" und Gott sagt: „Jetzt lass mich doch auch mal dazwischen." Nicht wenige stecken in einem so hektischen Alltag, dass Zeiten der Stille oft nicht mehr drin sind, oder sie nehmen sie sich nicht.

Die Menschen aus dem Neuen Testament waren oft zu Fuß unterwegs. Das hatte was für sich. Nicht nur, dass sie vermutlich fitter waren als wir durch diese vielen Laufereien. Sondern die Apostel hatten auch viel Zeit, wenn sie von einem Auftrag zum andern über Land zogen. Das waren Auszeiten, auch wenn es vielleicht manchmal körperlich sehr anstrengende Wege waren. Zeiten, wo sie denken konnten. Sie hatten noch keinen Walkman auf den Ohren, sie hatten keine gedruckte Presse, um unterwegs noch schnell etwas zu lesen. Wir haben das alles und unser Tag ist von vorne bis hinten voll gestopft. Wie heißt das schöne alte Lied: „Nur an einer stillen Stelle legt Gott seinen Anker an." Wo richte ich in meinem Alltag Zeiten ein, in denen Gott wirklich sagen kann: „Jetzt rede ich mit dir über ein paar Dinge"?

Wo richte ich in meinem Alltag Zeiten ein, in denen Gott wirklich zu mir reden kann?

Beten und handeln, *ora et labora*. Martin Luther hat gesagt: „Wir sollten so beten, als wenn alles Handeln nichts nützt, und so handeln, als wenn alles Beten nichts nützt." Vielleicht ist das ein sehr weiser Spruch. Es gibt Christen, die handeln. Ganz viel. Das sind richtige Macher. Sie denken sich hinein, ihnen fällt gleich was ein, sie wollen immer etwas machen. Vielleicht kommt manchmal das Beten zu kurz, und man wundert sich dann, warum man in einer Krise nicht weiterkommt. Und es gibt andere, die vergessen das Handeln. Die beten nur, aber sie vergessen das Handeln. Aber im Neuen Testament finde ich viele Anweisungen, wo uns gesagt wird: Jetzt tu etwas. Gott nimmt uns das nicht ab. Als Jesus den Kranken am Teich Bethesda geheilt hat, da hat er gesagt: „Jetzt steh auf. Nimm deine Matte und geh". Und was wäre passiert, wenn er sitzen geblieben wäre? Nichts wäre passiert. Manchmal bleiben wir sitzen.

Viele unserer Geschwister sitzen in großer Treue unzählige Stunden ab. Und meine Frage dazu ist, wann sie das umsetzen, was Gott ihnen vielleicht schon oft gesagt hat? Wie oft haben Sie vielleicht auch schon gebetet: „Herr, gib mir Liebe für meine alt gewordene Mutter. Schenk mir einen guten Zugang zu Bruder X …“ und wie auch immer. Vielleicht ist der Zeitpunkt ja längst gewesen und Gott sagt: „Du hast doch die Liebe von mir bekommen. Die Liebe ist ausgegossen in eure Herzen, nicht getröpfelt. Fang doch endlich an zu lieben.“

Wann setzen wir das um, was wir in unzähligen Stunden schon gehört haben?

Eine gesunde Beziehungskultur in den Gemeinden

Ganz wesentlich hat das mit unserer Kommunikation zu tun. Wie müssen darauf achten, dass wir uns verstehen. Das geht nur, wenn wir selbst uns verständlich machen. Dazu haben wir unsere Sprache. Und damit senden wir Botschaften. Aber das Problem ist, dass der andere nicht immer genau das hört, was ich meinte. So entstehen Missverständnisse und Ärger. Darum eskalieren Gespräche und geraten in die Sackgasse.

Miteinander reden: Wir reden aneinander vorbei. Die Worte, die wir gebrauchen, sind nicht bei allen Menschen in gleicher Weise gefüllt. Worte sind wie leere Hülsen, in die jeder seine Erfahrungen und Gedanken steckt. Beim Wort „Gottesdienst“ denken wir nicht alle an das gleiche, beim Wort „Vater“ auch nicht. Wir füllen den Begriff „Anbetung“ anders und das Wort „Liebe“. Darum müssen wir uns um Verstehen bemühen, gerade in schwierigen Auseinandersetzungen. Sonst mischt sich zum Missverständnis der Ärger und evtl. Sarkasmus ein. Oder etwas wird als versteckter Vorwurf verstanden, obwohl es so nicht gemeint war.

Beispielsweise zu Hause. Kommt jemand herein und sagt: „Etwas chaotisch hier.“ Dann kann der eine mit einer Ausrede und Entschuldigung reagieren: „Ich hatte noch keine Zeit.“ Oder er sucht den Sündenbock: „Du hast gestern nicht aufgeräumt. Das war schon so.“ Oder er passt sich an und sagt: „Na schön, ich räum ja gleich auf." Das ist dann der etwas Schwächere, der möglicherweise den Streit vermeiden will. Wie könnte er noch reagieren? Er könnte ablenken: „Rate mal, was es heut Abend zu essen gibt."

So geht's weiter. Es gibt Sarkasmus: „Wie gut, dass es noch Menschen gibt, die so ordentlich sind wie du." Man kann eine Aussage auch einfach ignorieren. Gar nichts sagen, den anderen einfach stehen lassen. Das trifft oft noch mehr als Worte. Ich hab gehört, das sei auch zwischen Eheleuten sehr beliebt. Aber es geht noch weiter. Jetzt kommt das Ablenken oder Verbündete suchen: „Erwin und Hannelore meinen auch, dass du wohl einen Ordnungsfimmel hast." In der Beziehungsspirale folgt dann möglicherweise die Aggression: „Ordnungsfanatiker?!" Ein Wort reicht. Erpressung: „Wenn du deinen Ordnungsfimmel nicht bald abstellst, dann …" Auch eine Möglichkeit zu reagieren. Oder Rache, oft gedacht, nicht ausgesprochen: „Nächste Woche ist er mit Küchendienst dran. Und ich werde viele Leute einladen, nicht aufräumen und hinterher sagen: ‚Hm, etwas chaotisch hier.'"

Man kann natürlich auch ein Beispiel aus der Gemeinde nehmen. „Bei der letzten Mitgliederversammlung, liebe Geschwister, da haben wir über ein paar Dinge gesprochen, und wir kamen nicht weiter in der Kommunikation – wollen wir mal gucken, was da in unserer Kommunikation abgelaufen ist?" Es gibt dann die, die gucken verschämt unter sich. Es gibt andere, die lachen. Es gibt vielleicht auch die, die irgendwie anders reagieren. Aber mit Sicherheit werden Sie eine Betroffenheit auslösen. Die Menschen registrieren: Gott hat uns zwar die Gabe der Verständigung gegeben, aber ob wir uns verstehen ist noch eine andere Frage.

Gott hat uns zwar die Gabe der Verständigung gegeben, aber ob wir uns verstehen ist noch eine andere Frage.

Ein weiteres Beispiel: Denken Sie in Ihrer Gemeinde mal an das Liedprogramm im Gottesdienst. Da schlägt einer einige als charismatisch bekannte Lieder vor. Dann kann es sein, dass in ihrer Gemeinde einige sagen: „Au ja, schön, danke, Herr." Und andere in der Gemeinde falten still die Hände und sagen: „O Herr, hilf. Jetzt nicht auch bei uns.“ Dass heißt, es sitzen in der gleichen Gemeinde Geschwister mit der gleichen Prägung, sie reagieren aber auf die gleiche Situation unterschiedlich. Spielen Sie das durch mit anderen Situationen, wenn Sie auf der Suche sind, wo es in ihrer Gemeinde knartscht und knackt. Gehen Sie nicht davon aus, es müssten bei ihnen alle gleich denken, reden und empfinden.

Ich muss wissen, was ich will. Das hat mit Egoismus nichts zu tun, sondern damit, dass ich mich nur dann auch klar ausdrücken kann. Ich muss meine eigenen Wertmaßstäbe kennen. Als verantwortlicher Mitarbeiter in der Gemeinde muss ich eine Position haben.

Als verantwortlicher Mitarbeiter in der Gemeinde muss ich eine Position haben.

Der andere ist ein anderer. Der andere ist nicht mein Spiegelbild. Wir sind nicht geklont, Gott sei Dank. Der andere ist ein anderer mit eigenen Gedanken, Erfahrungen, Hintergründen, mit anderen Befürchtungen, Ängsten und Hoffnungen. Paulus sagt: „Der Leib besteht nicht aus vielen Augen, sondern aus allen vorhandenen Gliedern, die da sind, und Muskeln und Nerven und was dazugehört.“ Das sollten wir nie vergessen.

Gelingende Kommunikation ist auch eine Zeitfrage. Deswegen sagte ich, dass man manches nicht mal eben zwischen Tür und Angel klären kann. Man sollte auch überlegen, wann ein guter Augenblick ist, um dann wirklich auch mal schwierige Gespräche zu führen. Da steht das Wort *kairos*, also dieser von Gott erbetene Augenblick, wo Gott sagt: „Jetzt …“

Wir müssen klare Botschaften senden, wenn es um unsere Fragen und Themen in der Gemeinde geht, um Aufnahme, das Abendmahlsverständnis und über die Generationsprobleme, die da sind. Wer macht was, mit wem sind wir zufrieden, und und und …

Jetzt kommt was ganz Wichtiges: Nicht nur der Ton macht die Musik. Rund die Hälfte unserer Botschaft sind Gestik und Mimik, so genannte nonverbale Kommunikation. Das alles wirkt mit den Botschaften, ob sie überhaupt ankommen oder nicht. Es gibt Geschwister in der Gemeinde, die können sich den Mund fusselig reden. Da wird so schnell kein Vertrauen entstehen, weil ihr Leben eine andere Sprache spricht.

Wenn ich im seelsorgerlichen Gespräch sage: „Doch, ja ja, ich habe Zeit" und nach 10 Minuten schon wieder auf die Uhr gucke, dann sende ich eine Botschaft aus. Und diese Botschaft ist für den andern glaubwürdiger als meine Aussage: „Ich habe Zeit." Das ist Kommunikation.

Nicht nur der Ton macht die Musik. Rund die Hälfte unserer Botschaft sind Gestik und Mimik, so genannte nonverbale Kommunikation.

Wer schweigt, redet auch. Schweigen kann geradezu fies sein. Wenn man mit einem anderen etwas klären möchte oder müsste und dieser schweigt, dann kann das mehr weh tun, als dem anderen mal so richtig die Meinung zu sagen, weil es nicht zu dem reinigenden Gewitter kommt, bei dem es vielleicht mal richtig kracht. Dann hätte man sich die Meinung gesagt, dann hätte man die Fakten auf den Tisch gelegt. Dann wüsste man, wo man dran ist, dann wüsste man auch, wo man einander um Vergebung bitten könnte, und wäre sich danach mit Gottes Gnade wieder gut. Wer schweigt, lässt den andern bösartig auflaufen.

Schweigen kann nur eine vorübergehende Maßnahme sein, um vielleicht einen besseren Zeitpunkt abzuwarten. Aber dann sollte ich mit dem andern auch drüber reden. Und dann müsste ich vielleicht ehrlich sagen: „Du, ich bin im Moment so geladen. Wenn wir jetzt reden, habe ich Angst, dass ich noch unfairer mit dir werde. Lass es uns morgen tun." Dann heißt das, ich kneife nicht, aber ich sage: „Jetzt besteht die Gefahr der Eskalation, dass wir gar nicht vernünftig miteinander reden können, weil unsere Gefühle so aufgewühlt sind. Reden wir morgen."

Sehr wichtig also: aktiv Zuhören. Zum Beispiel, dass ich konkret zurückfrage, wenn ich den Eindruck habe, dass wir uns nicht verstehen. Was ich dem andern sagen will, warum ich ihn für eine bestimmte verantwortliche Position in der Gemeinde für nicht geeignet halte – eine schwierige Thematik –, das versteht er nicht. Also muss ich versuchen, mit Fragen dahin zu kommen, dass wir uns miteinander verständlich machen.

Oder dass ich dem anderen sage: „Dein Satz vorhin in der Gemeindeleitungssitzung, darf ich dir mal sagen, wie der bei mir ankam?" Und dann bekommt er es gespiegelt, dann kann er drüber nachdenken. Vielleicht muss er mal schlucken. Aber er erfährt, wie das, was er meinte, bei den anderen ankam – vielleicht völlig anders als beabsichtigt.

Aktiv zuhören, eine Brücke schlagen von mir zum anderen, vom Monolog zum Dialog. Es gibt ja auch den Monolog, bei dem sich einer den Mund fusselig redet. Und der andere stellt beide Ohren auf Durchzug. Wir müssen einen Weg finden – wir reden ja von Beziehungsschwierigkeiten –, um eine gute Beziehungskultur zu bekommen. Die hat mit Reden zu tun. Manchmal sagen Verliebte, dass sie sich alles von den Augen ablesen. Das mag am Anfang noch gehen. Aber danach müssen sie miteinander reden, sonst geht es daneben. Das geht den Bach runter. Garantiert. Weil sie nicht durch die Brille des andern gucken, sondern immer nur durch die eigene.

Wichtig ist, Kommunikationsbarrieren zu beachten, z. B. permanente Kritik. Wer immer nur kritisiert, wird nicht zur Vertrauensperson. Wenn wir andere in eine Schublade stecken, „die Alten, die Jungen, die Charismatiker, die Baptisten" usw., dann ist die Beziehung von vornherein zum Scheitern verurteilt.

> *Wer immer nur kritisiert, wird nicht zur Vertrauensperson.*

Auch Moralisieren ist eine Kommunikationsbarriere – also dem andern durch tiefes Einatmen, durch Worte oder eine Geste klarmachen: „Das hätte ich von dir doch nicht gedacht. Hör mal, du bist jetzt schon so lange Christ, und dann immer noch das Problem" oder irgend so etwas. Es hilft nicht.

Außerdem ist wesentlich für gelingende Kommunikation, dass Worte und Taten übereinstimmen, wenn es darum geht, in einer Gemeinde schwierige Gespräche zu führen. Wer ist geeignet zu reden? Bin ich so jemand, zu dem dieses Vertrauen da ist, weil man merkt, bei mir stimmt das überein? Oder haben Geschwister den Eindruck, bei mir passt das nicht? Dann bin ich auch nicht der, der mit ihnen reden sollte. Dann werde ich Gott bitten: „Herr, gib mir die Größe zu sagen: Ich kann das nicht." Nicht aus Feigheit, nicht aus Angst, sondern weil ich erkenne, dass ich nicht geeignet bin. Oder weil ich zu dicht dran bin. Vielleicht aufgrund von verwandtschaftlichen Beziehungen, die wir in vielen Gemeinden ja auch haben und die eben nicht immer nur gut sind. Wichtig ist für gelingende Kommunikation: Übung macht den Meister.

Kritik wagen – Kritik vertragen

Weil Kritik wagen – Kritik vertragen unbedingt zur Kommunikation gehört, will ich stichwortartig ein paar wesentliche Dinge dazu einbringen:

1) Was ist das Ziel kritischer Äußerungen (Motivation prüfen)?

- Andere abwerten, sich selbst dadurch aufwerten (eigene Fehler)?
- Die Beruhigung des eigenen Gewissens?
- Den anderen in meine Vorstellung pressen, über den anderen verfügen?
- Lieblosigkeit, Überheblichkeit, Wichtigtuerei, Rechthaberei, Neid, Eifersucht …?

2) Bin ich „der Richtige" (Splitter und Balken, Mt 7,3–5)?

- Übe ich Rache?
- Ist unsere Beziehung belastbar?
- Reden wir auch sonst miteinander?

3) Ich denke mich in den anderen hinein; wie ist seine Sicht?

- Warum denkt er anders?
- Wie wirke ich auf ihn?
- Was treibt ihn in die Enge?

4) Gebetsvorbereitung

- Wann ist ein günstiger Zeitpunkt (*kairos*)?
- Aktualität / Gefühlslage beachten
- Das rechte Worte zur rechten Zeit (keine heuchlerische Einleitung mit „dickem" Aber)
- Wahrheit in Liebe sagen (1Kor 13)

5) Einzelne Punkte, keine Generalabrechnung

- Kritik möglichst bald, solange die Eindrücke frisch sind; sonst sammelt sich vieles an
- Lieber weniger ansprechen, aber dafür gründlich
- Nicht auf andere „Kriegsschauplätze" flüchten, auf denen ich stärker bin (Retourkutsche)
- Aus beginnender Eskalation aussteigen

6) Keinen „alten Hirsch" zu frischem Wasser führen

- Was vergeben ist, ist vergeben
- Aktualität, Zeitbezug beachten

7) Zuerst unter vier Augen

- Keine Bloßstellung vor anderen
- Manchmal braucht es Zeugen

8) Person und Sache unterscheiden

- Die Sache, ein Verhalten usw. mag man ablehnen, aber nicht den Menschen
- Keine Verallgemeinerungen (typisch Frau, wie deine Mutter, immer …, aus dir wird nie was Gescheites)
- Spontane Reaktionen und Gefühle gehen von persönlicher Betroffenheit/Abwertung aus

9) Fragen und Eindrücke statt Angriffe

- „Ich habe den Eindruck …"
- „Mir ist aufgefallen …"
- Der Sicht des anderen eine Chance geben

10) Kritik wagen – Kritik vertragen

- „Was du nicht willst, das man dir tu' …"
- „Anderen predigen und selbst verwerflich werden?"

Vertrauen können und ehrlich werden

Ich werde oft gefragt, was ich in den Gemeinden wahrnehme, wenn ich herumkomme. Oft hab ich das Gefühl, dass das Vertrauen nur gering ist. Einzelne untereinander haben sehr gute, intensive Beziehungen. Aber so grundsätzlich ist das Vertrauen bei manchen wirklich sehr, sehr dünn. Wir sind uns zum Teil in den Gemeinden relativ fremd. Warum? Wo kommt es her?

Vertrauen ist ein kostbares Gut. Da gibt es interessante Aussagen. Adolf von Harnack: „Nichts kann den Menschen mehr stärken als das Vertrauen, das man ihm entgegenbringt." Rudolf Affemann: „Vertrauen ist das zentrale Element von Liebe in all ihren Formen." Otto von Bismarck: „Das Vertrauen ist eine zarte Pflanze; ist es zerstört, so kommt es so bald nicht wieder."

Vertrauen ist das Grundthema von Gemeinde. Und ich glaube, dass oft das Problem darin besteht, dass Christen vor anderen Christen Ängste haben. Das möchte ich mit Ihnen beobachten und Sie ermutigen, da auszuscheren.

Was sind Ursachen der Ängste voreinander? Da sind einmal Vorurteile. Vorurteile sind vorlaufende Urteile, bis sie beseitigt oder bis sie widerlegt sind. Ursachen der Ängste voreinander – Vorurteile. Was wissen wir denn vom andern? Ich sagte vorhin mal so etwas salopp: „Wenn Bruder X anfängt zu beten, weiß man schon, was kommt. Manchmal ist das bei den Schwestern auch so". Wir kennen uns auf der einen Seite sehr wenig, auf der andern Seite haben wir uns im Laufe der Jahre vielleicht doch so gut kennen gelernt, dass wir ein festes Bild haben: „So und so ist er, ist sie." Und da kommt der Bruder, die Schwester auch nicht mehr heraus.

Vorurteile sind vorlaufende Urteile, bis sie beseitigt oder bis sie widerlegt sind.

Wir glauben, einander zu kennen, und entwickeln daraus vorlaufende Urteile. Und vielleicht Ängste. „Wenn ich dies und jenes sage, wird der mich hinterher garantiert ansprechen. Wenn ich etwas von mir preisgebe, vielleicht in der Bibelstunde, kommt bestimmt nachher wieder jemand, ich weiß auch schon wer." Vorurteile sind Blockaden.

Eine weitere Ursache kann ein falsches Bild von den Heiligen sein. Die Heiligen, das sind ja die Christen. Die, die ausgesondert sind von Christus für Gott. Das ist die Definition. Heilige sind aber keine Elitetruppe, sondern Gottes Fußvolk.

Manchmal haben wir eine zu hohe Überzeugung oder Meinung von uns selber, als wären wir perfekte Heilige. Ich wundere mich manchmal in den Bibelstunden. Da wälzen wir schwierige Fragen: Was hat Paulus gedacht und Jakobus gemeint und Johannes vorgehabt? Ich frag mich manchmal, wann wir denn zu uns kommen. Ist da ein Raum des Vertrauens, wo die Einzelnen sagen können: „Jetzt lasst uns doch bitte von dem Text her kommend auch mal von uns reden, von unserm Leben, von dem, was uns Not macht." Oder geht das gar nicht, weil das Vertrauen blockiert ist?

Auch Christen bleiben Sünder. Nur reden wir nicht viel davon. Es gibt einige wenige, die machen das. Die machen's vielleicht auch schon wieder zu oft, weil sie ein bestimmtes Ziel damit erreichen wollen. Aber in der Regel haben wir eine schöne Fassade. Und wenn dann mal einer in der Bibelstunde sagen würde: „Ich muss euch mal erzählen, ich hab seit Monaten keine Stille Zeit mehr gemacht." Dann passiert etwas in den Köpfen der anderen. Oder wenn mal jemand sagen würde: „Bei mir in der Ehe …, wir machen euch was vor. Wir leben schon seit Jahren aneinander vorbei." Nur, warum tun die Menschen so etwas nicht?

Vielleicht, das ist eine weitere Ursache, weil sie schlechte Erfahrungen gemacht haben? Weil Vertrauen enttäuscht wurde? Und es ist ja Vertrauen, wenn ich mich in einer solchen Stunde anderen gegenüber öffnen würde. Wobei jetzt natürlich zu Recht gesagt werden kann: Die genannten Dinge gehören ins seelsorgerliche Gespräch. Wir können aber gern auch „kleinere" Sachen nehmen. Also zuzugeben, dass man einmal nicht die Stille Zeit gemacht hat, das muss nicht unbedingt unter vier Augen beredet werden. Das könnte in der Gemeinde etwas auslösen bei anderen, einen Schritt dahin, dass wir sagen: „Andere haben da auch ein Problem." Oder wenn wir über Erziehung reden, dass mal jemand seine Fehler zugibt.

> *Vertrauen ist die Voraussetzung, damit ich mich vor anderen öffne.*

Alte Sachen, die trotz Vergebung immer wieder aufgetischt werden, sind vielleicht auch ein Grund, warum sich Ängste der

Christen vor andern Christen aufbauen. Man dachte doch, die seien unters Kreuz gebracht. Wir haben natürlich noch die Erinnerung, aber wir dürfen sie nicht wieder vorwerfen, nicht immer wieder rauskramen. Vielleicht sind es auch schlechte Erfahrungen, wenn jemand mit dem Anvertrauten überfordert war und damit falsch umging.

Mögliche Ursachen der Ängste voreinander sind auch im Individualismus zu finden, wenn der Glaube letztlich zur Privatsache verkommen oder mutiert ist. Die Freiheit des Einzelnen wird überbetont. Gegenseitige Verantwortung umgeht man oder lehnt sie ab. Warum soll man dann noch reden, wenn wir schon so weit sind?

Verkommt oder mutiert unser Glaube letztlich zur Privatsache, oder gibt es noch eine gegenseitige Verantwortung?

Ein letzter Punkt zu Ängsten der Christen voreinander: Entgleiste Grundantriebe wie z. B. das Bedürfnis nach Geltung und Anerkennung. Dass jemand in der Gemeinde aus falschen Motiven mitarbeitet, weil er ein übersteigertes Geltungsbedürfnis hat, weil er den anderen etwas sagen will, obwohl er vielleicht gar nicht dazu begabt ist. Weil er nicht nur zu Hause herrschen will, sondern auch in der Gemeinde.

Das sind nur einige mögliche Erklärungen, wie es dazu kommt, dass die Offenheit untereinander manchmal nicht da ist.

2.4 Wer wagt …?

Ich möchte Ihnen fünf Fragen weitergeben und zu jeder Frage dann auch ein kleines Gebet formulieren. Wenn Sie mögen, nehmen Sie es mit, um das vielleicht in Ihrer Gemeinde auch zu tun.

a) Wer wagt den ersten Schritt?

Wer wagt den ersten Schritt, wenn man entdeckt, hier und da liegen bei uns in der Gemeinde oder bei mir Probleme? Es gibt genug, die sagen: „Da müsste man was tun. Da müsste mal einer hingehen. Da müssten wir mal drüber reden." Wer krempelt die Ärmel hoch, macht sich die Hände schmutzig und vielleicht bei manchen auch unbeliebt, aber packt endlich die Dinge an, von denen wir schon lange wissen, dass da etwas im Argen liegt? Bitte keine Alleingänge, sondern in Abstimmung mit denen, die Verantwortung in der Gemeindeleitung tragen.

Wer wagt den ersten Schritt? Sie kennen das aus der alten Fernsehwerbung: „Es gibt viel zu tun!", und dann wurde salopp gesagt: „Fangt ihr schon mal an." Es gibt viel zu tun. Fangen Sie an, wenn Sie entdecken: „Da hat Christus mir etwas bewusst gemacht, vielleicht auch heute, da möchte ich dran bleiben." Wer wagt es?

b) Wer wagt Offenheit?

Das ist ein heikles Thema. Ich habe in manchen Gemeindeveranstaltungen das eine oder andere erzählt und erlebt, dass es nach wenigen Tagen die ganze Gemeinde wusste. Wir sind in einem Dorf, die Gemeinde ist relativ groß, die verwandtschaftlichen Beziehungen sind so strukturiert, dass man laufend irgendwo zusammen Kaffee trinkt. Und ich habe gemerkt: Ich bin dadurch zurückhaltender geworden und überlege wirklich gut, wem ich was sage.

Und trotzdem kommen wir nicht drum herum, mutig zu sein und Offenheit zu wagen. Denn wenn es einer tut, wirkt das oft wie ein Stein, den man ins Rollen bringt, dass andere dann auch den Mut haben zu sagen: „Wir haben zu Hause ein ähnliches Problem. Finde ich gut, dass du das angesprochen hast. Klasse, hätte ich von mir aus nie gemacht, aber bei uns ist es auch so." Wir können z. B. im Hauskreis darüber reden. Dann wird einer für den anderen durch seine Offenheit zum ermutigenden Bruder oder der Schwester.

c) Wer wagt klärende Gespräche?

Das sind die Gespräche, bei denen man das Gefühl hat, dass hier jetzt mal jemand – vielleicht sogar von der Gemeindeleitung oder von Verantwortungsträgern – eingreifen und Stellung beziehen muss. Sonst gehen die Beteiligten daran kaputt. Man macht sich das Leben so schwer. Und nicht nur sich selbst, gestörte Beziehungen ziehen Kreise. Wer wagt es, dann zu sagen:

„Okay, ich bring mich da ein mit anderen. Das fällt mir schwer. Aber vielleicht, nachdem ich mir Gedanken gemacht habe über Kommunikation und Kritik, habe ich mir eine Vorgehensweise überlegt und jetzt werde ich das so machen." Manchmal heißt das auch, bereit zu sein, sich in die Nesseln zu setzen.

d) Wer wagt den Neuanfang?

Wer wagt es, über die Vergebung hinauszugehen und dem anderen nicht nur zu sagen: „Okay, wollen wir nicht mehr drüber reden, Schwamm drüber, vergeben und vergessen – und jetzt kannst du mir gestohlen bleiben!"? Wer wagt den Neuanfang, in diesen Beziehungen wieder miteinander geschwisterlich zu leben? Vergebung erübrigt das Gespräch miteinander nicht. Wer wagt es? Wer geht auf den anderen zu, bittet um Vergebung und versucht einen neuen Zugang, versucht, aus diesem versöhnten Lebensstil heraus zu leben?

Vergebung erübrigt das Gespräch miteinander nicht.

e) Wer wagt sich ins Gebet?

Ich hab das bewusst so formuliert. Denn Sie sollten damit rechnen, dass Gott antwortet, wenn Sie beten. Wer wagt sich ins Gebet angesichts von Beziehungsstrukturen und Krisen? Und wagt vielleicht zu beten: „Herr, zeige mir, wo mein Anteil an diesem Dilemma ist." Wagen Sie's mal. Vielleicht sagt Gott: „Ich will es dir genau zeigen. Da hast du dem andern wehgetan." Rechnen Sie damit, dass Gott antwortet. Überlegen Sie sich gut, ob Sie beten: „Herr, sende einen in der Gemeinde zu Ehepaar XY." Gott könnte sagen: „Okay, dann geh." Wer wagt es?

Ich schließe, indem ich zu den fünf Fragen diese kleinen Gebete lese.

Wer wagt den ersten Schritt? Herr, lass mich der sein, der auf andere zugeht und nicht nur darauf wartet, dass die anderen zu mir kommen und mit mir reden. Gib mir Mut und hilf mir.

Wer wagt Offenheit? Herr, wo ich mich ängstlich in Lügen verstrickt habe, gib mir Mut, Fehler und Schwächen zuzugeben, und lass mich deine Hilfe erfahren und bekennen.

Wer wagt klärende Gespräche? Herr, ich bitte dich um rechte Worte, damit ich niemanden verletze. Gib der Verständigung untereinander Gelingen und dadurch neues Verstehen.

Wer wagt den Neuanfang? Herr, ich kenne die Gefahr, mit Worten zu vergeben, aber mit dem Herzen hinterherzuhinken. Lass mich ein Bote deiner erneuernden Kraft und Liebe sein.

Wer wagt sich ins Gebet? Herr, danke, dass ich mit dir reden darf. Über mich und meine Schuld. Ich möchte dem Wirken deines Geistes stille halten. Segne auch meine Geschwister.

3 Seelsorgerliche Strukturen schaffen

Jeder hängt mal durch, auch der, der meint, er sei stark. Paulus sagt: „Darum, wer meint, er stehe, mag zusehen, dass er nicht falle“ (1Kor 10,12). Wir haben in der Gemeinde Geschwister, die glauben, sie seien immer stark. Und die nach außen auch versuchen darzustellen: „Ich bin stark, ich bin immer gut drauf.“

Wir sprachen von den falschen Vorstellungen der Heiligen, auch von der Fassade, die wir voreinander aufbauen. Und ich garantiere Ihnen: Jeder hängt mal durch. Nur das zuzugeben, zu sagen: „Ich bin im Moment schwach, ich habe versagt, ich habe Schuld auf mich geladen“, das ist das Problem, das wir haben. Deshalb unterhalten wir uns auch hier, um uns diesen Strukturen anzunähern und an den Menschen ranzukommen, der die Probleme hat.

Füreinander da sein – dazu fünf wichtige Gedankengänge, um Strukturen zu schaffen. Strukturen im Sinne vom Miteinander als Verantwortliche, zu denen ich Sie zähle, die eine Aufgabe in der Gemeinde haben und sich von Gott da hinein berufen und gerufen wissen. Wir müssen überlegen, was wir tun können, damit es überhaupt dahin kommt, dass das Vertrauen vorhanden ist oder dass es wieder wächst.

3.1 Füreinander da sein, voneinander wissen, Anteil geben

Wir sprachen davon, dass das schwierig ist, weil damit auch ein Risiko verbunden ist, wenn ich mich Menschen gegenüber öffne. Ich weiß ja nicht, was die damit machen.

Ich habe oft überlegt in der Seelsorge, warum es Christen so schwer fällt, sich vor anderen auch mal bloß zu stellen. Es müsste doch viel schwerer sein, sich vor Gott bloß zu stellen, vor dem heiligen Gott. Aber da bekommen wir das hin. Dann fiel mir irgendwann ein, und das ist meine Antwort: Bei Gott kann ich mit Gnade rechnen. Den Nachsatz können sie sich denken: Bei Menschen kann ich eben nicht immer mit Gnade und barmherzigem Umgang rechnen, sondern manchmal mit bösen Blicken und anderen negativen Reaktionen. Füreinander da sein heißt, voneinander zu wissen, Anteil zu geben. Ich suche einen Nächsten, ich suche meinen Nächsten. Ich suche die Glieder, mit denen ich verbunden bin. Und die nur gemeinsam wegen und trotz ihrer Unterschiedlichkeit einen lebendigen Organismus darstellen können. Weil eben nicht 120 Augen zusammengestellt sind, sondern weil Gott sagt, dass zwei Augen reichen, zwei Ohren, eine Nase genug sind. Und dann braucht der Körper noch Arme und Beine, Organe.

Den anderen wahrnehmen. Ich teile mich mit, ich vertraue mich dem anderen an. Das hat auch mit Gegenseitigkeit zu tun, mit einem Wechselspiel in den Beziehungen. Und wir könnten diese Vorsilbe „ver“ auch noch einklammern: Ich (ver)traue dem anderen. Wenn wir da hinkommen, dann haben wir viel gewonnen. Ich traue dem anderen. Das ist Beziehungsarbeit, da hinzukommen, das vorzuleben.

Ich traue dem anderen. Das ist Beziehungsarbeit, da hinzukommen, das vorzuleben.

Füreinander da sein, voneinander wissen, den Rat des anderen schätzen. Auch als Bruder den Rat einer Schwester. Es gibt ein schönes Buch mit dem Titel: „Männer sind anders, Frauen auch.“ Wir Männer sind immer nur Männer. Und wir können von den Frauen und ihrer Intuition ganz viel lernen. Ich schätze den Rat des anderen. Auch als junger Mensch. Ich schätze den Rat eines alten Bruders und muss nicht sagen: „Ach, er hat ja nur das Alte im Sinn." Schätzen auch die Alten den Rat der Jungen? Da gibt es manche, die sagen: „Was will der junge Bruder uns denn sagen? Der soll erst mal Erfahrungen sammeln." Das hat etwas damit zu tun, voneinander zu wissen und Anteil zu geben. Da beginnt es mit den Strukturen, nicht in dem Moment, wo wir uns hinsetzen und ein Organigramm machen. Das kann erst viel später dran sein.

3.2 Aufeinander Acht haben und Anteil nehmen

Ich habe mir aufgeschrieben „Nachfrage im Sinne positiver Kontrolle." Es gibt ja unter den Christen so ein penetrantes Nachfragen, wo man sich fragt, warum der andere nachfragt. Wenn es überhaupt einer tut. Aus den Zweierschaften (Gebetszellen) habe ich dieses Nachfragen im positiven Sinne kennen gelernt. Dranbleiben. Dass man nicht mal nur über eine Problematik redet und danach das Thema wieder erledigt ist, sondern dass man dranbleibt, nachfragt, miteinander im Gespräch darüber ist. Mir ist es wichtig in der seelsorgerlichen Begegnung, dass ich Geschwister habe, Brüder und Schwestern, die mich in diesem Sinne begleiten. Auch wenn es schwierig ist und ich dem andern vielleicht bekennen muss: „Nach unserm Gespräch, muss ich ehrlich zugeben, hat sich nicht viel verändert." Aber dann kann man ja weitermachen an dieser Beziehung oder an sich selbst arbeiten und dann aus dem Hinfallen lernen und wieder aufstehen. Aber wenn gar keiner mehr da ist, der nachfragt, dann hab ich ja den Eindruck, dass es ihn nicht mehr interessiert. Ich war für ihn nur „ein Fall". Ich möchte aber, dass ich für ihn ein Mensch bin. Acht haben, sensibel sein. Sich hinein denken in die Menschen und in ihre Befindlichkeit, Verantwortung übernehmen. Das tun Sie ja. Ich denke, die meisten von Ihnen sind irgendwo in verantwortlicher Mitarbeiterschaft eingebunden. Verantwortung übernehmen und das in Treue durchhalten. Das ist manchmal schwierig. Aber dazu wird und will Gott uns ermutigen und helfen.

3.3 Füreinander beten

Füreinander beten – und das nicht nur punktuell, dass man es mal tut, dass man es auf seiner Liste abhaken kann. Es ist auch da ganz wichtig, dranzubleiben. Fürbitte heißt ja eigentlich: Ich lege einen Menschen Gott vor die Füße. Ein schönes Bild. Gerade da, wo mir der Mensch mit seiner Persönlichkeit und den Problemen, die er vor mir ausbreitet, eine große Last ist, zu wissen: Ich kann ihn abgeben an Gott. Deswegen ist unser Dienst Gottesdienst. Der Handelnde in der Seelsorge soll Gott sein. Wenn er uns nicht begabt und befähigt, dann können wir zwar viel machen, aber seelsorgerlich wird nicht viel bei herumkommen, das Bestand hat, das Wert hat.

Der Handelnde in der Seelsorge soll Gott sein.

Füreinander beten – das ist auch nicht eine Frage der Zeit. Es ist eine Frage, ob es uns wichtig ist, es ist eine Frage der Priorität. Eine Frage, ob wir glauben, dass Gebet etwas verändert. „Natürlich" werden Sie jetzt sagen. „So bin ich doch geprägt, das habe ich in der Gemeinde schon immer gehört. Natürlich kann Gott das." Aber glaube ich es wirklich, dass Gott in bestimmten Situationen eingreifen kann und es zu seiner Zeit und auf seine Art und Weise tun wird? Dann bin ich automatisch damit konfrontiert, dass „zu seiner Zeit und auf seine Weise" nicht identisch ist mit meiner Zeit und meinen Vorstellungen. Also muss ich als Christ auch damit leben und es verkraften können, dass Gott vieles ganz anders macht. Füreinander beten, Gebetszellen in der Gemeinde, das ist nicht unser Thema, gehört aber zu den seelsorgerlichen Strukturen zwingend dazu. Eine Gemeinde, in der nicht gebetet wird, die kann sich die Hacken abrennen. Da fehlt etwas Entscheidendes. Und wenn wir das entdecken, dann glaube ich, kommen wir weiter.

3.4 Miteinander dienen

Miteinander dienen – das ist natürlich so ein Thema. Es gibt in der Gemeinde diejenigen, die ganz viel machen und denen man immer noch mehr aufbürden kann, weil sie nicht Nein sagen können. Weil diese Geschwister vielleicht aus einer falschen Motivation heraus sagen: „Mach ich. Braucht ihr noch einen? Mach ich. Fragt mich ruhig.“

Wenn jemand Probleme hat – wir reden ja von Beziehungsschwierigkeiten –, ist er immer in der Gefahr, auch zu flüchten. Und ich bin fest davon überzeugt, dass viele Christen aus der schwierigen Ehesituation in die heilige Gemeindesituation flüchten, weil mir das in der Eheberatung begegnet ist. Ich bin fest davon überzeugt, dass viele sich in der Gemeinde engagieren und dadurch zu Hause kneifen. Ich bin genauso fest davon überzeugt, dass viele Männer im Beruf – bei Frauen mag das auch gelten, mehr Überstunden machen als sie müssten. Weil sie dadurch vor den Herausforderungen daheim, die nicht immer so toll sind, kneifen können. Es gibt verschiedene Fluchtmechanismen, und die sind dann auch noch dotiert. Überstunden werden abgegolten oder bezahlt. Oder der Chef sagt: „Bist du ein zuverlässiger Kerl. Solche brauch ich.“ – Aber die Ehefrau würde sagen: „Die Kinder und ich, wir brauchen dich auch mal.“

Ich bin fest davon überzeugt, dass viele sich in der Gemeinde engagieren und dadurch zu Hause kneifen.

Zurück zum Dienst in der Gemeinde. Wir müssen darauf achten, dass sich nicht alles auf einige konzentriert. Und bei manchen Geschwistern sollten wir auch einmal ihre Motive hinterfragen. Es sind nicht immer geistliche Motive, wenn sich jemand meldet und sagt: „Das mach ich auch noch.“ Das braucht er vielleicht, um sein Ego aufzupolieren, seine eigene Wertschätzung. Aber er tut es nicht aus Liebe für Christus. Also hinsehen, wenn wir über Aufgaben und Strukturen nachdenken. Wen nehmen wir hierzu? Wen bitten wir dazu?

Und wir entdecken vielleicht am Leib Christi einige, die sind ganz still im Verborgenen und wären doch sehr kompetent und hoch motiviert. Sie brauchen vielleicht nur den, der fragt: „Könntest du dir vorstellen, in diesem seelsorgerlichen Arbeitskreis mitzumachen?“ Gemeinsam geht es besser. Miteinander dienen, auch wenn die Arbeit ganz verschieden ist. Das Bild vom Leib macht das deutlich. In der Gemeinde ist es klar: Zwischen Kinderarbeit und Seniorenarbeit gibt es große Unterschiede. Zwischen diakonischem Wirken im Krankenhaus und der Auslegung in der Bibelstunde gibt es große Unterschiede. Wahrnehmen und zusammenführen – und nicht sagen: „Der macht das, der macht das. Es läuft einigermaßen, also sind alle zufrieden."

3.5 Zueinander finden

Das ist speziell für die, die mitarbeiten, die Verantwortung tragen, die leiten. Ich habe mir dazu aufgeschrieben: „Den Ehepartner einbeziehen", damit man nicht in dieses erwähnte Fluchtverhalten hineinkommt, sondern merkt, dass christliche Ehe und Gemeinde miteinander zu tun haben. Da gibt es durchaus Dinge, die wir daheim mitteilen können, ohne das Seelsorge- oder Beichtgeheimnis zu brechen. Dann kann der Partner Anteil nehmen, mittragen und sagen: „Okay, ich lasse dich für diese Aufgabe auch noch ziehen." Zueinander finden, den Ehepartner einbeziehen – eigentlich hätte ich schreiben müssen: „Die Familie einbeziehen". Wenn die Kinder älter werden, sollten sie doch auch verstehen, warum Vater oder Mutter schon wieder in der Gemeinde sind. Was mögen kleine Kinder denken: „Kriegt Papa Geld dafür? Hat er oder Mama die Gemeindekinder in der Sonntagsschule lieber als uns zu Hause? Für uns zu Hause nimmt der Papa sich nie Zeit, aber in der Sonntagsschule macht er jeden Sonntag mit den Kindern Spiele."

Wenn die Kinder älter werden, sollten sie doch auch verstehen, warum Vater oder Mutter schon wieder in der Gemeinde sind.

Etwas vermitteln, zueinander finden, das fängt in der Ehe und in der Familie an. Es geht dann natürlich herüber in die Gemeinde, dass ich sie als Ganzes in den Blick bekomme und neue Kontakte knüpfe. Wir hatten neulich einen Gastredner bei uns in der Gemeinde, der brachte das sehr praktisch auf den Punkt. Er sagte: „Mensch, ladet doch mal Leute ein." Wir können lange überlegen, wie wir uns in der Gemeinde besser kennen lernen und Strukturen schaffen. Laden Sie doch einfach einmal Leute ein, mit denen Sie sonst nichts zu tun haben. Und seien Sie sicher, die werden sich sehr wundern, aber die werden vielleicht sehr gerne kommen. Und darüber, dass man sagt: „Sonntags nachmittags Kaffeetrinken und mal 'ne Stunde spazieren gehen oder die Kinder spielen zusammen", kann sich etwas im privaten Umfeld entwickeln, was aus der Gemeinde herauskommt und in die Gemeinde zurückführt. Weil wir plötzlich entdecken, dass wir uns als Menschen begegnen. Hier begegnen wir uns tatsächlich anders, als wenn wir sonntags in der Reihe nebeneinander sitzen und dem zuhören, was von vorne jemand sagt, und danach gehen wir wieder nach Hause. Diese privaten Kontakte beinhalten viele Chancen.

Über das andere haben wir gesprochen, das muss ich jetzt nicht lange ausführen, dass diese privaten Kontakte auch Nachteile haben können, wenn dann vielleicht viel geredet und getratscht wird.

Füreinander da sein: Die strukturierte Seelsorge, der Umgang miteinander, beginnt an der Basis und ist nicht verstanden als das, was die Leitenden im Ältestenkreis, in der Gemeindeleitung miteinander überlegen.

3.6 Jesus und der Kranke am Teich Bethesda

Ich möchte noch einige grundsätzliche Gedanken anschließen zu Joh 5,1–14:

> „[1] Danach war ein Fest der Juden, und Jesus zog hinauf nach Jerusalem. [2] Es ist aber in Jerusalem beim Schaftor ein Teich, der heißt auf Hebräisch Betesda. Dort sind fünf Hallen; [3] in denen lagen viele Kranke, Blinde, Lahme, Ausgezehrte … [5] Es war aber dort ein Mensch, der lag achtunddreißig Jahre krank. [6] Als Jesus den liegen sah und vernahm, dass er schon so lange gelegen hatte, spricht er zu ihm: Willst du gesund werden? [7] Der Kranke antwortete ihm: Herr, ich habe keinen Menschen, der mich in den Teich bringt, wenn das Wasser sich bewegt; wenn ich aber hinkomme, so steigt ein anderer vor mir hinein. [8] Jesus spricht zu ihm: Steh auf, nimm dein Bett und geh hin! [9] Und sogleich wurde der Mensch gesund und nahm sein Bett und ging hin. Es war aber an dem Tag Sabbat.

[10] Da sprachen die Juden zu dem, der gesund geworden war: Es ist
heute Sabbat; du darfst dein Bett nicht tragen. [11] Er antwortete ih-
nen: Der mich gesund gemacht hat, sprach zu mir: Nimm dein Bett
und geh hin! [12] Da fragten sie ihn: Wer ist der Mensch, der zu dir
gesagt hat: Nimm dein Bett und geh hin? [13] Der aber gesund ge-
worden war, wusste nicht, wer es war; denn Jesus war entwichen,
da so viel Volk an dem Ort war. [14] Danach fand ihn Jesus im Tem-
pel und sprach zu ihm: Siehe, du bist gesund geworden; sündige
hinfort nicht mehr, dass dir nicht etwas Schlimmeres widerfahre."

„Ich habe keinen Menschen ..."

Vielleicht fragen Sie sich, was der Text mit unserm Thema zu tun hat. „Ich habe keinen Menschen", sagt dieser Mann. Glauben wir nur nicht, der hier am Teich Bethesda wäre nur körperlich verletzt gewesen. „Ich habe keinen Menschen", das sagt einer, der lange frustriert wurde. Auf Menschen zu hoffen und dann immer wieder zu erleben, dass keiner an mich denkt, dass jedem das eigene Hemd am nächsten ist, das tut unheimlich weh.

> *Auf Menschen zu hoffen und dann immer wieder zu erleben, dass keiner an mich denkt, ... das tut unheimlich weh.*

Wir verstecken solche Dinge oft hinter der Ausrede: „Ich hab keine Zeit." Ehrlicher wäre natürlich, wenn wir sagen würden: „Du bist mir diesen Einsatz nicht wert. Dich mag ich nicht ganz so. Mit dir komme ich nicht zurecht. Du hast dich neulich so blöd verhalten."

„Ich habe keinen Menschen", sagt er. Und wenn doch? Da waren ja um ihn herum viele Ausgezehrte, Lahme. Sie lagen da. Die hatten auch eine Gemeinschaft. Da waren Beziehungen. Ich sagte schon, Schweigen ist auch Reden. Einfach nur nebeneinander liegen an so einem Teich ist auch eine Beziehung. Und in unseren Gemeinden Streit haben und in Unversöhnlichkeit leben, das ist auch eine Art von Beziehung.

Der Kranke hier hatte Menschen. Aber er hatte keinen, der ihm das gab, wonach er sich so sehr gesehnt hat. Er erlebt jeden Tag mit: Der erste, der in das bewegte Wasser hinein kam, wurde gesund. Und nun liegt dieser Mann da und hofft von einem sprudelnden Wasser zum nächsten. Schon Monate oder gar

Jahre? „Ich habe keinen Menschen. Ich habe keinen Menschen, der für mich in dieser Herausforderung, in meiner seelsorgerlichen Problematik da ist. Natürlich habe ich Menschen. Und ich sehe, wie die alle miteinander umgehen. Der Hauskreis funktioniert prima. Und in der Jugend funktioniert was. Und die Frauen haben Kontakt. Und die Männer schwätzen miteinander. Und Familien laden sich ein. Aber ich habe keinen."

Verletzungen lähmen

Was uns verletzt, lähmt uns. Ich hatte das dieser Tage schon angesprochen, z. B. sarkastische Bemerkungen. Oder die Frage der Wertschätzung, wenn man immer das vermittelt bekommt: „Du kannst nichts. Du gehörst eigentlich nicht so ganz zu uns." Die fehlende Aufmerksamkeit, Neid, Eifersucht, Beleidigungen, Blamagen – das gräbt sich in die Seele ein. Das betet man nicht einfach weg, liebe Geschwister. Und dann sagen die einen heutzutage: „Abwarten und Tee trinken. Kommt Zeit, kommt Rat. Die Zeit heilt alle Wunden. Kopf hoch, das wird schon wieder. Schlaf erst mal drüber." Flotte Sprüche haben wir ja auch schnell drauf. Sie helfen nur nicht in dieser seelsorgerlichen Betroffenheit. Was kann denn die Zeit leisten? Die Zeit kann z. B. sinnvoll sein, wenn wir sagen: „Ich brauch ein bisschen Zeit, um nachzudenken. Ich brauch ein bisschen Zeit, dass mein Ärger, meine Gefühle etwas zur Ruhe kommen. Dann reden wir." Von daher gesehen fällt ein anderer Blick auf das Wort, das oft zitiert wird: „Lass die Sonne nicht untergehen über deinem Zorn." Ich sehe es nicht als Gebot, sondern als Empfehlung. Und ich sage manchmal: „Schlaf erst mal drüber." Etwas aufschieben, aber nicht aufheben. Aber die Zeit allein kann nicht viel leisten. Da muss schon mehr passieren. Und wenn man schon die Zeit für sich arbeiten lässt, was will man dann erreichen? Ich nehme gerne das Bild vom Teppich. Man hat den Dreck zusammengekehrt und nimmt dann den Teppich hoch und fegt alles drunter. Macht einen sauberen Eindruck. Am Anfang geht das auch. Nur wenn man das öfter macht, kommt es eben zu dieser Beule, und dann stolpert man. Dann wundert man sich, wenn man unter den Teppich guckt: „Da liegen ja so viel Altlasten." Also, das hilft nicht weiter. Auch nicht um des lieben Friedens willen. Denn den erhalten wir dadurch nicht. Wir bekommen die Seele nicht zur Ruhe, indem wir vorschnelle Lösungen suchen, damit wir aus dem Schneider sind. Es klappt nicht.

Manchmal haben wir auch Gefühle der Rache. Wir würden das wahrscheinlich nicht Rache nennen, weil das so schlimm klingt. Aber dem anderen noch eins auswischen, dem anderen irgendwie zeigen, was er uns angetan hat; der kann doch nicht so einfach davonkommen nach der Vergebung. Rachsüchtig sein – was passiert, wenn nichts dagegen getan wird? Es verschlimmert sich, wenn nichts geklärt wird. Es verschlimmerte sich bei dem Kranken hier am Teich Bethesda eigentlich von Tag zu Tag, von Woche zu Woche. Es kam immer neue Frustration hinzu: „Der geht auch vor mir ins Wasser. Der, von dem ich nach dem Gespräch gestern dachte, er würde mir vielleicht helfen, er würde mir unter die Arme packen, da rennt er."

Jesus sieht den Einzelnen

Dann greift Jesus ein. Wie durch einen Fokus sieht er zwischen den vielen Kranken diesen einen und hat Erbarmen mit ihm. Und ich bin sicher, Jesus hat eben nicht nur gesehen, dass er ein Gelähmter war mit seiner körperlichen Befindlichkeit. Jesus hat auch gesehen, was sich an Verletzungen und dauerhaften Enttäuschungen bei ihm angesammelt hatte. Jesus tritt dem, den die anderen übersehen, in den Weg, stellt sich vor seine abgewetzte Matte.

Der Mann war 38 Jahre krank. Es steht nicht in dem Text, dass er 38 Jahre hier am Teich gelegen hat. Also legen wir das in den Text bitte auch nicht rein. Er war 38 Jahre krank. Vielleicht ist er erst fünf Monate da gewesen. Eine Zeitangabe haben wir dazu nicht. 38 Jahre krank. Er kam mit ziemlicher Sicherheit, weil man ihm gesagt hat: „Versuch es doch da noch einmal." Wenn ich mir mal überlege, wie lange mir manchmal zwei oder drei Wochen werden, wenn ich irgendwo hier ein Zipperlein habe. Wie lange werden nachts schon ein paar Stunden, wenn man arge Zahnschmerzen hat. Viel mehr leiden z. B.

die Menschen mit chronischen Schmerzen. Wenn man sich das mal vorstellt, 38 Jahre krank.

Jesus geht auf ihn zu und meint jetzt keinen anderen. Auch das ist für die Seelsorge wichtig: Auf den einzelnen zugehen und nicht pauschal für alle reden. Jesus redet mit ihm. Und er sieht ihn liebevoll an. Und er will ihm helfen. Und dieser Mensch, der sich da noch von Jesus helfen lässt, wird ganz und gar heil, an Leib, Seele und Geist. Das beschreibt Johannes hier in dem Text. Aber er sagt auch, dass der Geheilte gar nicht erkannt hat, wer der ist, der mit ihm redet. Umso erstaunlicher, dass er auf diesen Fremden hört. Als die Juden ihn wegen der Sabbatfrage ansprechen: „Wer hat dich gesund gemacht?", antwortet er: „Das weiß ich nicht. Plötzlich war er weg." Aber er hat auf diesen Unbekannten gehört. Soviel Hoffnung hatte er noch.

Und die Menschen, mit denen wir zu tun haben? Ich wünsche mir immer, dass sie auch noch wenigstens einen letzten Funken Hoffnung haben. Manche haben ihn schon nicht mehr. Sie haben resigniert in ihrer Betroffenheit, in ihrer Beziehungskrise, in ihrer Krise mit sich selbst. Sie ziehen sich zurück und vegetieren am Rand der Gemeinde dahin. Ihr Glaube ist kaum mehr als Anfechtung und Angst vor Gott. Hier entdecken wir: Dieser Mann hat noch Hoffnung. Genau da knüpft Jesus an. Jesus greift auch in unserem Leben ein. Ich frage mich aber: Wie oft habe ich überhaupt nicht erkannt, wer der ist, der mir geholfen hat? Wie oft haben wir nicht erkannt, wer der ist, der uns behütet und bewahrt hat, und nehmen das als selbstverständlich hin: nach der langen Autofahrt, nach der Krankheit, nach der Krise daheim, in der Erziehung der Kinder, in der Gemeinde? Wie oft hat sich Christus uns schon in den Weg gestellt und hat uns Gutes getan, und wir haben es überhaupt nicht registriert?

Wie oft hat sich Christus uns schon in den Weg gestellt und hat uns Gutes getan, und wir haben es überhaupt nicht registriert?

„Was willst du?"

Glaube ich, dass Gott Gott ist? Der, der vor mir steht und sich zu mir herabbeugt, der, der mich mit Augen der Liebe ansieht und der mich ernst nimmt? Und der mich fragt: „Was willst denn du?" Ja, das ist eine herausfordernde Frage hier im Text. Jesus tritt dem Kranken gegenüber und fragt: „Was willst du denn?" Wir würden doch von unserem gesunden Menschenverstand her sagen: „Ist doch klar. Frag nicht erst". Wir begegnen Menschen und glauben zu wissen, was sie wollen, und stülpen ihnen etwas über. Jesus fragt den Kranken: „Was willst du?" Mir ist im Laufe der Jahre, in denen ich Seelsorge übe, im Kontakt mit Kranken deutlich geworden, dass nicht alle gesund werden wollen. Das war eine überraschende Erkenntnis für mich. Aber Gesundwerden hat Konsequenzen. Ich habe Kranke kennen gelernt, die hatten sich mit ihrer Krankheit ziemlich gut arrangiert. Mit Krankengeld und Finanzierung lief das einigermaßen. Sie mussten nicht arbeiten gehen. Sie hatten viel Zeit für sich. Ich denke an die Kranken, die von der Gemeinde endlich mal besucht werden. Wenn sie wieder gesund sind, kommt keiner mehr. Krankheit kann Vorteile bringen. Und deswegen, so glaube ich, fragt Jesus: „Was willst du?" Der Kranke hätte sagen können: „Du, ich brauche einfach etwas Geld. Kann mir nichts mehr kaufen. Oder ich müsste mal eine neue Matte haben, die hier ist sehr dünn. Es wird kalt hier nachts." Oder irgendwas. Selbst Christus stellt die Frage und knüpft an den Willen des Menschen an. Und für die seelsorgerliche Begegnung ist es ganz wichtig, dass wir nicht sagen, dass der Wille des Menschen uns schon suspekt ist. Der Wille des Menschen ist von Gott geschaffen und ist ernst zu nehmen.

Ohne bewusstes Wollen findet man keine Hilfe.

Ohne bewusstes Wollen findet man keine Hilfe. Wenn der Kranke nicht gewollt hätte, wäre er krank auf seiner Matte geblieben. Und deswegen ist Christus auch nicht der, der sagt: „Ich mach das mal. Bleib du mal ruhig liegen." Er appelliert nicht nur an den Willen des Menschen, sondern auch an das, was er beitragen kann, und gibt ihm diesen Auftrag: „Steh auf.“ Nach 38 Jahren Gelähmtsein. Von einem Mann, der noch nicht erkannt hat, dass es Christus ist, der mit ihm redet. Er hätte zu Jesus auch sagen können: „Sag mal, dir geht es ja wohl zu gut. Das haben schon einige versucht und sind gescheitert. Glaubst du im Ernst, wenn ich aufstehen könnte, würde ich noch hier liegen?“

Nein, es kommt anders. Ein faszinierender Dialog in seiner ganzen Kürze. Denn der Mann steht auf und in diesem Augenblick vollzieht sich das Wunder. Auch in der Seelsorge vollzieht sich das, was wir wunderbar miterleben, nicht, wenn wir theoretisieren. Das haben wir in dieser Tagung getan. Wir haben zwei Tage theoretisiert. Ob es Praxis wird, das liegt jetzt daran, was Sie von dem, was Sie gehört haben, in Ihrer Situation zu Hause umsetzen. Erst der Gehorsam dem Befehl Jesu gegenüber vollendet die Heilung.

Auch in der Seelsorge vollzieht sich das, was wir wunderbar miterleben, nicht, wenn wir theoretisieren.

Werner de Boor hat in seinem Kommentar (Wuppertaler Studienbibel) zu diesem Text geschrieben: „Heilung ist kein Mühen zum Ziel hin, sondern ein Handeln vom Ziel her.“ Von Gott her, er ist der Handelnde in der Gemeinde und in der Seelsorge. Und er handelt der Situation angemessen. Jesus sagt nicht: „Lies mal ein gutes Buch. Auf dem Büchertisch hinten liegen welche über Krankheit. Kann ich dir empfehlen. Sehr eindrücklich.“ Jesus sagt auch nicht: „Hier hast du Geld für eine neue Matratze.“ Er sagt nicht: „Freu dich doch mit den anderen, die Tag für Tag gesund werden. Gibt dir das nicht genug geistliche Stärke?“ Sondern er nimmt den ernst, der ihm da so erbärmlich vor seinen Füßen liegt. Und dann öffnet sich für den Menschen, für den Kranken, eine Tür in die Zukunft. Er kann wieder laufen. Das Leben beginnt für ihn noch einmal ganz neu. Und er haut sofort ab. Da hält ihn nichts mehr. Jetzt hoffe ich ja nicht, dass das in den Gemeinden so ist. Da hält die nichts mehr, die hauen ab. Manchmal hauen sie aber ab, weil sie merken: Es gibt bei uns die seelsorgerlichen Strukturen nicht. Es gibt sie in einer anderen Gemeinde. Dann dürfen wir uns nicht wundern, wenn der eine oder andere sagt: „Ich geh."

Was ist zu tun? Nicht sitzen bleiben, sondern sich auf den Weg machen. „Auf dein Wort hin." Denken Sie an diese bekannte Situation mit dem Fischzug der Jünger. Gegen alle Logik, gegen alle Erfahrung der Fischer sagt Jesus: „Zu dieser Stunde und an diesem Ort werft die Netze aus." Und die sagen: „Weder die Stunde noch der Ort sind okay." Wir würden vielleicht auch manchmal sagen: „Lieber Herr Jesus, also, irgendwas an den Strukturen, an dem, was du meinst oder so, passt nicht. Wir haben andere Erfahrungen. Das geht jetzt nicht, das ging bei uns noch nie, das war schon immer so." Und Jesus sagt: „Ich sag es doch." Haben wir diesen Glauben „Auf dein Wort hin", dann werden wir Wunder erleben, davon bin ich überzeugt. Es geht ja nicht nur um körperliche Heilung, sondern um noch tiefer gehende seelische Heilungen.

Schuld ansprechen

Und dann, wie Johannes aufzeigt, kommt ja noch die Sünde ins Spiel. Die Geschichte ist hier nicht zu Ende. Die beiden begegnen sich wieder. Jesus fand ihn im Tempel und spricht ihn an: „Siehe, du bist gesund geworden" – jetzt kommt diese schwierige Stelle – „sündige hinfort nicht mehr, damit dir nicht etwas Schlimmeres passiert." Dann fragen wir natürlich: Ist denn körperliche Krankheit ein Ausdruck von Schuld und Sünde? Hier scheint es so gewesen zu sein. Andere Textstellen und der Zusammenhang aus dem Neuen Testament legen das nicht nahe. Die Bibel sagt ganz klar: Es gibt nicht nur die Folge der Krankheit, wenn wir ungesund im übertragenen Sinne leben. Sondern da gehen auch Beziehungen kaputt. Da werden wir mit uns selber nicht fertig, obwohl wir vielleicht körperlich ganz fit sind. Aber wir sind innerlich fix und fertig und leben nicht im Frieden mit anderen. Die Auswirkungen von Schuld sind sehr vielfältig. Hier konfrontiert Jesus diesen Mann mit Schuld, mit Vergebung.

Das ist für die Seelsorge ein wichtiges, brisantes Thema, weil wir in einer Zeit leben, in der man ja kaum noch mit dem

Begriff der Sünde arbeiten kann. In den Gemeinden schon, darüber hinaus werden wir aber groß angeguckt. Man hat es doch gerade im Laufe der Jahre mühsam umbenannt. Man hat es doch endlich soweit geschafft, dass der Ehebruch in den Medien das Normalste von der Welt ist. Und wir kommen daher und sagen: „Ehebruch ist Sünde." Aber die Menschen sind geprägt von den Medien, hauptsächlich vom Fernsehen. Bis dahin, dass in den Therapien dort ja oft gesagt wird: „Wenn dein Mann dich betrogen hat, darfst du es jetzt auch mal."

Und Abtreibung – wie nennen es viele Menschen heute? Da wird ja nur ein „Zellklumpen" entfernt. Die Bibel sagt aber, da wird Leben getötet. Hier hat sich bis in den Sprachgebrauch hinein etwas verändert, und dann wird es schwierig, die Menschen damit zu konfrontieren, dass ihr Verhalten nicht gut ist. Aber Hand aufs Herz, wir waren früher genauso. Wenn wir als Kinder dem Nachbarn Obst geklaut haben, dann haben wir „organisiert". Wir haben das gleiche Spielchen auch schon betrieben. Und wenn wir bei der Steuererklärung nicht ganz ehrlich sind, dann holen wir uns nur zurück, was uns doch zusteht. Wir haben über Kommunikation geredet, über die Sprache, das hat wieder damit zu tun. Die Bibel sagt: „Du sollst nicht falsch Zeugnis reden über den anderen." Und viele reden sich raus und sagen: „Das habe ich ja so nicht gemeint." Was wir so mit Tratsch abhandeln, ist Schuld vor Gott.

Eine Aufgabe der Seelsorge ist es nun, einen Zugang zu Menschen zu finden und nicht nur zu sagen: „Lass uns mal über deine Probleme reden." Sondern auch: „Lass uns schauen, wo du schuldig geworden bist." Damit es, wenn wir versuchen, Problemlösungen zu finden, nicht nur so eine Oberflächenbehandlung ist wie beim Zahnarzt, wenn er sagen würde: „Ja, bohren wir mal nicht, weil ihnen das weh tut, also machen wir irgendwas drüber." Wenn der Seelsorger sagt: „Jetzt habe ich den Eindruck, an der Stelle müssten wir mal bohren", dann macht er sich unbeliebt.

Gnade verkündigen

Aber wir reden ja nicht nur von Schuld, sondern von der Gnade der Vergebung. Das Ziel ist Heilung. Und wir reden auch nicht nur von Vergebung, sondern wollen helfen, dass sie gelebt werden kann. Denn im Umgang miteinander merkt man, ob die Worte von der Vergebung mal eben dahin gesprochen waren oder ob man wirklich sagt, aus dem Herzen heraus: „Ich will dir nicht mehr böse sein.“ Man merkt es an den folgenden Begegnungen. Ob zwei Streithähne sich wieder anschauen, oder ob der eine auf der rechten Seite rausgeht, wenn der andere links in den Saal hereinkommt. Oft ist Vergebung um des lieben Friedens willen versucht worden. Schnell zieht man ein Deckmäntelchen darüber, weil wir Angst hatten, an die Wurzeln zu gehen. Weil es unsere Wurzeln sind. Weil wir da den Offenbarungseid leisten müssen und sagen: „Ich hab Mist gebaut. Ich, von dem in der Gemeinde alle gedacht haben: Der doch nicht. Ist doch unser Ältester.“ Wie hieß die Jahreslosung 2003: „Der Mensch sieht, was vor Augen ist, Gott aber sieht das Herz an.“ Vor den Menschen können wir weiter Schauspieler bleiben, vor Gott nicht.

Gott schenkt Frieden statt Bitterkeit. Christus möchte uns Hoffnung statt Enttäuschung schenken. Liebe statt Hass. Freundlichkeit statt Ärger. Wertschätzung statt Verachtung. Zuwendung statt Ablehnung. Demut statt Stolz. Wo Sünde aber nicht mehr beim Namen genannt wird, kann Vergebung nicht zur Vergebung werden. Merken Sie sich das bitte: Wo Sünde nicht mehr beim Namen genannt wird, kann Vergebung nicht greifen. Und ich möchte noch einmal diesen anderen Text in Erinnerung rufen, wo Jesus sagt: „Wenn du mit deinem Bruder irgendwo was zu klären hast, hör mit deinem geistlichen Handeln auf, mit deinem Dienst, mit deinem Opfer. Geh vorher hin und kläre das.“ Dann gibt es ja noch die andere Stelle direkt im Anschluss an das Vaterunser, wo Christus sagt: „Wenn ihr euch untereinander

Wo Sünde aber nicht mehr beim Namen genannt wird, kann Vergebung nicht zur Vergebung werden.

nicht vergebt, wird euer Vater euch im Himmel nicht vergeben.“ Das ist wahrscheinlich eine der härtesten Aussagen der Bibel. Es ist wahrscheinlich eine Textstelle, wo wir uns am meisten selber in die Tasche lügen. Noch einmal: „Wenn ihr euch untereinander nicht vergebt, sondern weiterhin versucht, das irgendwie zu arrangieren, aber nicht zu diesem Punkt der Vergebung kommt, wird Gott euch auch nicht vergeben. Also lasst die Gebete: ‚Herr, vergib mir‘ – wenn ihr nicht bereit seid, dem anderen zu vergeben und das zu eurer Lebensart zu machen.“

Dann bete ich angesichts der seelsorgerlichen Herausforderungen manchmal: „Herr Jesus, komm an meinen Teich Bethesda. Komm in meine Situation. Du kennst sie. Du kennst die Lage. Du weißt, mit welchen Menschen ich zusammenlebe. Du weißt, wo es gut funktioniert. Du weißt, wo es knistert. Du kennst mich. Herr Jesus, komm an meinen Teich Bethesda und lass mich erkennen, was jetzt für mich dran ist.“

Wenn Gott handelt, geht es um Heilsein. Und Heilsein ist mehr als irdisches Wohlergehen. Wenn Gott handelt und wenn die Gemeinde handelt, geht es um biblisch-ethische Fragen, und das ist mehr als bürgerliche Moral. Es geht um Gesundheit, und das ist mehr als die Abwesenheit von Krankheit. Es geht um den ganzen Menschen. Es geht um Seelsorge, und das ist mehr als therapeutisches Denken. Es geht um Vergebung, und Vergebung ist mehr als Worte. Jesus sagt: „Steh auf. Nimm deine Matte. Nimm deine Herausforderung an. Und dann geh los.“ Und er geht mit.

III Seelsorge im Wandel der Generationen – Eine soziologische Analyse

Ralf Kaemper

1 Die Situation

Wie stellt sich ein Angehöriger der „Generation Golf" – also der Leute, die zwischen 1965 und 1975 geboren sind und mit dem VW-Golf aufgewachsen sind – den Wandel in der Zukunft vor?

> „2020, so stelle ich mir vor, hat der Islam überall in Bayern Einzug gehalten ... Mit ABM-Mitteln werden die letzten verbliebenen Vertreter der Kirchenchöre zu Muezzins umgeschult, um dann allabendlich ... die Dorfbevölkerung zum Gebet aufzurufen.
> EU-Alterspräsident Joschka Fischer gelingt es, den Regierungssitz der EU von Brüssel auf seinen toskanischen Landsitz zu verlegen, wo er in neunter Ehe glücklich mit Madeleine Albright zusammenlebt.
> ... Im afghanisch-pakistanischen Grenzgebiet eröffnet Osama Bin Laden einen Videoshop, wo er vor allem seine legendären frühen Videos aus Nomadenzelten, in denen er auf die Amerikaner schimpft, zum Verleih anbietet. Außerdem produziert er neue Folgen, noch dazu in deutlich besserer Qualität, da er Werbeminuten an Coca-Cola verkauft.
> Die Bundesanstalt für Arbeit hat gerade Insolvenz beantragt und das Bundesverfassungsgericht einen Angeklagten freigesprochen, der nach der viertausendsten Nachfrage ‚Mit alter Bahncard oder neuer?' einen Bundesbahnbeamten grün und blau schlug."

Mit diesen Worten beendet Florian Illies sein Buch „Generation Golf 2". Begonnen hat der ehemalige Redakteur der FAZ sein Generationsportrait mit dem Satz: „Uns ging es nicht so gut." Den drei Jahre älteren ersten Teil hat er noch mit dem Satz angefangen: „Mir geht es gut."[3]

---

[3] Florian Illies, *Generation Golf zwei*, München: Karl Blessing Verlag 2003, S. 249f & S. 8; ders., *Generation Golf*, Berlin: Argon Verlag 2000, S. 9

In unserer Zeit vollzieht sich Veränderung rasant. Auch die Seelsorge hat sich verändert im Wandel der Generationen. Aufgefallen ist mir das, als ich das Buch „Motivation der Generation X“ von Jürg Pfister las. Unter missionarischen Gesichtspunkten vergleicht der Autor die verschiedenen Generationen und geht auch auf die Frage nach der Seelsorge ein.

Die **Kriegsgeneration (1927–1945)** hatte die Haltung: „Ist das nötig? Wir haben den Herrn!“

Die **Nachkriegsgeneration (1946–1964)** meinte: „Seelsorge ist in Ordnung, wir nehmen sie in Anspruch, falls nötig.“

Die **Generation X (1965–1983)** dagegen hält Seelsorge und Hilfe für „überlebensnotwendig“.

Das sind große Unterschiede: von „brauchen wir nicht“, über „in Ordnung, falls nötig“ bis „überlebensnotwendig“.[4] Dies zeigt, dass es große Veränderungen im Selbstverständnis und der psychischen Grundsituation zwischen den verschiedenen Generationen gegeben hat.

Der folgende Aufsatz will anhand von Erkenntnissen der Sozialwissenschaft (besonders der Soziologie) der Frage nachgehen, was zu diesem Wandel geführt hat.

Ich möchte zunächst drei Aspekte aufzeigen, die eine Veränderung der seelischen Situation des Menschen bewirkt haben.

2 Wertewandel

Lange Zeit war die europäische und die ganze westliche Kultur in Folge der Reformation von christlichen Werten geprägt. Seit einigen Jahren spricht man nun vom Wertewandel. Damit meint man zunächst einen „Rückzug vom Christentum und seinen Wertvorstellungen“. Die großen Zahlen an Kirchenaustritten belegen das. Als wichtigen Grund wird genannt, „dass (christliche) Moralvorstellungen und Glaubensinhalte kaum noch mit dem heutigen Alltag übereinstimmen.“[5] Man hat heute ganz andere Moralvorstellungen. Ein Blick in die Nachmittags-

[4] Jürg Pfister, *Motivation der Generation X*, Nürnberg: VTR-Verlag 2003, S. 20

[5] Heiderich / Rohr, *Wertewandel*, München: Olzog Verlag 1999, S. 12

talkshows und die Vorabendserien beweisen das. Ethik wurde individualisiert. Jeder entscheidet für sich selbst, was Wert für ihn hat. Fernando Savater, Professor für Ethik an der Universität Bilbao, schreibt in seinem Buch „Tu was du willst – Ethik für die Erwachsenen von morgen“[6]:

Ethik wurde individualisiert. Jeder entscheidet für sich selbst, was Wert für ihn hat.

„Du musst dich befreien von … allem, was Dich von außen lenken will, und Du musst diese ganze Angelegenheit aus Dir selbst heraus, aus Deinem Gewissen und freien Willen entwickeln.“

Doch sind wir dazu in der Lage, Werte aus uns selbst heraus zu entwickeln? Tatsächlich führt der Wertewandel zu einer großen Verunsicherung des Einzelnen. So schreibt der schon zitierte Florian Illies in seiner „Anleitung zum Unschuldigsein“:

> „Doch weil wir offenbar eine solche Sehnsucht haben nach Gut und Böse, es zugleich aber kein verbindliches System mehr dafür gibt, das alle akzeptieren, bauen wir uns immer neue Gedankendschungel auf, in denen wir uns dann selbst kaum noch zurecht finden. Das Problem dabei ist, dass man manchmal gar nicht mehr genau weiß, warum man jetzt eigentlich ein schlechtes Gewissen hat – und vor allem vor wem.“[7]

Eine interessante Aussage: Wenn man sich von dem befreit, was einen von außen lenken will – z. B. Gottes Gebote – erlebt man eben nicht Freiheit, sondern baut sich einen eigenen Dschungel auf, in dem man sich selbst nicht mehr zurechtfindet. Wer dagegen dem einen Gott dient, muss nicht die vielen Herren zufrieden stellen.

Der Wertewandel betrifft vor allem die Institution Familie. Schon 1977 schrieb der amerikanische Historiker Christopher Lasch in seinem Buch „Geborgenheit“:

---

[6] Fernando Savater, *Tu was du willst – Ethik für die Erwachsenen von morgen*, Frankfurt: Campus Verlag 1993

[7] Florian Illies, *Anleitung zum Unschuldigsein: Das Übungsbuch für ein schlechtes Gewissen*, Berlin: Argon Verlag 2001

„Jetzt, da es in der Wirtschaft, in der Innen- wie Außenpolitik immer härter und kriegsähnlicher zugeht, suchen die Menschen Zuflucht im Privatleben, in zwischenmenschlichen Beziehungen, vor allem in der Familie, der letzten Bastion der Liebe und der Schonung. Doch die Häuslichkeit ist offenbar immer weniger in der Lage, Trost und Halt zu geben.“[8]

Der bedeutende deutsche Soziologe Ulrich Beck behauptet, dass die Institution Ehe bisher die Stabilität der gesellschaftlichen Ordnung garantiert hat[9]. Matthias Horx, der bekannte deutsche Trendforscher, stellt fest, dass die Familie, die das Zentrum jeder menschlichen Kultur sei, „in eine ... Selbstverständnis-Krise getrieben“ worden ist.

„Da, wo aus ‚Wir‘ (=Familie) ein ‚Ich‘ geworden ist, entstehen neue Gesetze des Handelns und Verhandelns. ... Die Individuen testen ständig ihren Zufriedenheitsgrad – und suchen unablässig nach anderen, vielleicht besseren Optionen ... Individualisierung gibt auf dem Feld der Partnerschaft gewissermaßen ‚den Markt frei‘. Der Einzelne ... muss sich jetzt auf dem ‚Beziehungsmarkt‘ ständig neu anbieten – ein Prozess, der in der festen Partnerschaft oder Ehe nicht aufhört ...“[10]

Damit trifft der Wertewandel im Bereich der Familie besonders die Schwächsten: die Kinder. Viele wachsen als Scheidungswaisen auf, erleben kaum noch Geborgenheit, Stabilität und Zuverlässigkeit und haben dann später große Probleme, sich zu binden. D. h. der Wertewandel – besonders in diesem Bereich – wirkt sich stark auf die Psyche – und damit auf die Seelsorge aus.

Der Wertewandel im Bereich der Familie trifft besonders die Schwächsten: die Kinder.

Der Film „Weißer Oleander“ beschreibt die Beziehung einer exzentrischen Künstlerin und ihrer Tochter. Ingrid ist geprägt durch die Hippie-Zeit und die 70er Jahre, die auch als *Me-Decade* oder als „Zeitalter des Ichs“ bezeichnet wurden. Eine

[8] Christopher Lasch, *Geborgenheit*, München: DTV 1987, S. 13
[9] Ulrich Beck, *Eigenes Leben*, München: C.H. Beck Verlag 1995, S. 71ff
[10] Matthias Horx, *Trendbuch 2*, Berlin: Econ 1995, S. 25f

ganze Generation hatte sich auf die Suche nach ihrer eigenen Identität gemacht. Selbsterfahrungsseminare waren in. „Du musst zu dir selbst gefunden haben, du musst deine Bedürfnisse kennen und dich nicht anderen unterordnen. Du musst dich durchsetzen, erst dann kannst du ein psychisch gesundes und stabiles Mitglied der Gesellschaft werden." Diese Selbst-Ideologie wurde von Lehrern und Pädagogen leidenschaftlich weitergeben. Doch das Ergebnis ist erschreckend. So schreibt die Publizistin Ricarda Winterswyl:

> „Ein großer Teil der Schul- und Erziehungsprobleme Jugendlicher bis in die neunziger Jahre hinein sind noch auf diese zählebige Ideologie vom Glück der Selbstverwirklichung zurückzuführen."

Viele psychische Probleme sind demnach auf die falsche Ideologie der Selbstverwirklichung zurückzuführen. Interessant ist nun, was ihrer Meinung nach eine Änderung bewirkt hat (und genau das zeigt der Film „Weißer Oleander" sehr eindrucksvoll). Die Publizistin behauptet, dass sich der Umschwung da ankündigte, wo die „egozentrischen Eltern", die unter der Ideologie der Selbstverwirklichung aufgewachsen waren, sich den „Selbstverwirklichungsansprüchen und individuellen Bedürfnissen ihrer Kinder" stellen mussten.[11]

3 Zeitalter des Ichs

Offensichtlich hat die Selbstverwirklichung das Selbst – die Psyche des Menschen – nicht wirklich gestärkt. Die Brockhaus Enzyklopädie macht den Begriff „Selbstverwirklichung" zu einem Schlüsselbegriff. Dazu gehöre

- „der Wunsch nach ‚Echtheit' (Authentizität)",
- „der Wille zur Selbstbestimmung (Autonomie)" und
- „die Suche nach Kreativität".

Was führte zu diesem Drang nach Selbstverwirklichung? Auf der einen Seite hat der Wandel zur modernen Industriegesellschaft für den Einzelnen viele Freiräume zur eigenen Le-

[11] Ricarda Winterswyl in Kemper, P./Sonnenschein, U. (Hg.), *Globalisierung im Alltag*, Frankfurt: Suhrkamp Verlag 2002, S. 281ff

bensgestaltung geschaffen. Diese Freiheit ist einzigartig in der Geschichte.

Auf der anderen Seite ist ein riesiger unübersichtlicher Markt mit Gütern, Lebensstilen, Werten und Sinnangeboten entstanden, zwischen denen man nun wählen muss. Dazu kommt, dass immer weniger vorgegeben ist: durch die Familie, die Zugehörigkeit zu einer sozialen Schicht, Religion, Geschlecht oder Nationalität. In wichtigen Lebensentscheidungen (Berufswahl, Partnerwahl) oder in Lebenskrisen (Krankheit, Tod) ist der Einzelne immer stärker auf sich selber gestellt. Es gibt immer mehr Möglichkeiten, zwischen denen man wählen kann. Der Soziologe Peter Gross hat unsere Gesellschaft deshalb als „Multioptionsgesellschaft" bezeichnet. Im Vorwort zu seinem gleichnamigen Buch spricht Gross von einem „tief in die modernen Gesellschaften eingemeißelten und ins Herz des modernen Menschen implantierten Willen zur Steigerung, zum Vorwärts, zum Mehr. Auf dem Drang nach dem Mehr gründet die Moderne."[12]

Der bedeutende amerikanische Soziologe Peter L. Berger spricht vom Wandel vom Schicksal zur Wahl. Dieser Wandel beinhaltet enorme Freiheiten, hat aber auch – besonders für die Psyche des Menschen – eine ganz andere Seite. Berger schreibt:

Wir leben heutzutage in einer Multioptionsgesellschaft. Eine Auswirkung davon ist die Angst, immer etwas zu verpassen.

> „Andererseits muss für diese Befreiung ein hoher Preis gezahlt werden. Der Mensch kommt dazu, sich in einer Weise als allein zu erleben, wie es in der traditionellen Gesellschaft undenkbar war; herausgelöst aus der festen Solidarität seines kollektiven Daseins, im Zweifel über die Normen, nach denen er sein Dasein richten soll, im Zweifel also auch letztlich darüber, wer oder was er ist … Befreiung und Entfremdung sind untrennbar miteinander verknüpft, sind die beiden Seiten ein und derselben Medaille."[13]

[12] Peter Gross, *Die Multioptionsgesellschaft*, Frankfurt: Edition Suhrkamp 1994

[13] Peter L. Berger, *Der Zwang zur Häresie*, Freiburg: Herder, 1992, S. 36

Das Gefühl, allein zu sein, im Zweifel über die Werte, nach denen man sich richten soll – all das führt zum Zweifel an der eigenen Identität. Befreiung und Entfremdung – unendliche Möglichkeiten und dann doch die Angst, etwas zu verpassen.

Marianne Gronemeyer, Professorin für Erziehungswissenschaften an der Fachhochschule Wiesbaden, stellt fest: „Die Angst, das Meiste, das Wichtigste oder das Beste zu versäumen, wird zum peinigenden Grundgefühl des Lebens.“[14]

Das scheint ein Widerspruch zu sein: unendliche Möglichkeiten – und doch das Gefühl, das Eigentliche zu verpassen. Der Mensch, der die Hoffnung auf ein Leben nach dem Leben verloren hat, lebt nun in der ständigen Angst, das Leben zu verpassen. Der Schweizer Sozialpsychologe und Kulturphilosoph Michael Baeriswyl stellt fest:

> „Gemäß der Devise, was dem Leben an Länge abgeht, soll durch Intensität, Leidenschaft und Schnelligkeit wettgemacht werden, versucht der auf Hochtouren gebrachte und auf der Überholspur lebende Zeitgenosse, durch Zeitspartechniken und Kunstgriffe der Selbstbeschleunigung Zeit zu gewinnen, um mehr von der Welt zu haben ... Doch der ‚Run auf die Offerten der Welt‘ ist nicht zu gewinnen. Wo unendlich viel vorstellbar und verfügbar ist, wird jede Entscheidung für eine Möglichkeit zur teuren Absage an eine andere ... Da das wirkliche Leben stets anderswo verlockender sprudelt, wird Gegenwart definiert durch das, was ihr abgeht. Leben verkommt zum Defizitgeschäft.“[15]

„Denn wer sein Leben retten will, wird es verlieren“ (Mk 8,35).

Man denkt unweigerlich an die Worte Jesu: „Denn wer sein Leben retten will, wird es verlieren“ (Mk 8,35).

Der Versuch der Selbstverwirklichung – die Versenkung ins Ich – leistet nicht das, was sie soll. Sie schafft keine Befriedigung, keine Zufriedenheit, keinen

[14] zitiert bei M. Baeriswyl in Kemper/Sonnenschein, *Globalisierung*, a. a. O., S. 69

[15] M. Baeriswyl in Kemper/Sonnenschein, *Globalisierung*, a. a. O., S. 68

Sinn. Der amerikanische Soziologe Richard Sennett schreibt dazu:

> „Sie bewirkt, dass die Person in dem Augenblick, da sie ein Ziel erreicht hat oder mit einer anderen Person Verbindung aufnimmt, das Gefühl hat: ‚Das ist es nicht, was ich wollte' … Die Versenkung ins eigene Selbst zerstört den, der sich auf sie einlässt. … man ertrinkt im Selbst."[16]

Das „Zeitalter des Ichs" hat genau das Gegenteil dessen bewirkt, was es eigentlich wollte: Es hat die Persönlichkeit und die Psyche des Einzelnen geschwächt. Ein weiterer Katalysator der Veränderung ist die Globalisierung.

4 Die Globalisierung

Seit etwa 1990 tauchte der Begriff „Globalisierung" in den Sprachen der Welt auf (vor 1990 findet man ihn in keinem Lexikon). Er beschreibt zunächst das Entstehen weltweiter Märkte und die internationale Verflechtung der Volkswirtschaften. Neue Techniken im Verkehrs- und Kommunikationsbereich (z. B. Satellitentechnik, Internet, Transportwesen) ermöglichten dies. Nachfrage und Angebot der gesamten Welt werden auf dem „Weltmarkt" immer mehr zusammengefasst, die Preise gleichen sich an. Firmen wählen weltweit den günstigsten Produktionsstandort. Der Wettbewerb verschärft sich, der nun weltweit ausgetragen wird.

Globalisierung bedeutet, dass Konkurrenz groß- und Solidarität kleingeschrieben wird.

Der Politologe Ralf Dahrendorf sagt prägnant: „Globalisierung bedeutet, dass Konkurrenz groß- und Solidarität kleingeschrieben wird."[17] Damit wird die Globalisierung in Zukunft auch in Deutschland immer mehr Menschen persönlich betreffen. Der klassische Werdegang eines Arbeiters oder Angestellten – man lernt einen Beruf und führt diesen dann

[16] Richard Sennett, *Verfall und Ende des öffentlichen Lebens*, Frankfurt: Fischer Wissenschaft 1991, S. 408

[17] Ralf Dahrendorf in Kemper/Sonnenschein, *Globalisierung*, a. a. O., S. 20

bis zur Rente im selben Betrieb aus – gehört der Vergangenheit an. Dieses geordnete Arbeitsleben hat für viele eine Stabilität im Leben und in der Familie ermöglicht – und damit auch eine psychologische Stabilität ermöglicht.

Heute wird vom Arbeitnehmer eine enorme Flexibilität erwartet. „Klassische Erwerbsbiographien zerfallen von einem Tag auf den anderen, der flexibilisierte Mensch ist nicht nur in ökonomischer, sondern auch in psychologischer Hinsicht gefordert“, so der Politologe Dahrendorf[18].

Richard Sennett – er gilt als einer der wichtigsten Soziologen der Gegenwart – stellt fest:

> „Heute muss ein junger Amerikaner mit mindestens zweijährigem Studium damit rechnen, in 40 Arbeitsjahren wenigstens elfmal die Stelle zu wechseln und dabei seine Kenntnisbasis wenigstens dreimal auszutauschen.“[19]

Für Sennett ist das sichtbarste Zeichen des Wandels: „das Motto ‚nichts Langfristiges‘“.

Der Umbruch in der Arbeitswelt führt zur Angst, die Kontrolle über sein Leben zu verlieren. Sennett beschreibt einen jungen Aufsteiger, der „befürchtete, durch seinen Lebensstil, den der Konkurrenzkampf in der modernen Wirtschaft erzwingt, jede innere Sicherheit zu verlieren, in einen Zustand des Dahintreibens (*Drifting*) zu geraten.“[20] Damit meint Sennett, dass jemand aufhört zu kämpfen, dass er die Dinge laufen lässt und keine langfristigen Ziele mehr verfolgt – er lässt sich treiben. Und so verändert die Globalisierung die menschliche Identität. „Apathie ist die logische Reaktion auf das Gefühl, nicht mehr gebraucht zu werden.“[21]

Sennett fragt: „Wie lassen sich langfristige Ziele in einer auf Kurzfristigkeit angelegten Gesellschaft anstreben? Wie sind dauerhafte soziale Beziehungen aufrecht zu erhalten?“ Er

---

[18] ebd., S. 7

[19] Richard Sennett in Kemper/Sonnenschein, *Globalisierung*, a. a. O., S. 81

[20] ebd., S. 79

[21] Richard Sennett, *Der flexible Mensch*, München: Siedler Verlag 2000, S. 202

kommt zu dem Ergebnis, dass „der kurzfristig agierende Kapitalismus“ den Charakter des Menschen verändert, „besonders jene Charaktereigenschaften, die Menschen aneinander binden und dem Einzelnen ein stabiles Selbstgefühl vermitteln.“[22]

Ein letzter Aspekt: Unser Empfinden für „Zeit“ verändert sich. Der Philosoph Bernhard von Mutius behauptet:

> „Die Zeit schrumpft: … die Zeitabstände werden kürzer. … Nur wer zu den Schnellsten gehört, … hat noch eine Chance, sich zu behaupten. Nur wer sich dem Rhythmus der immer kürzer werdenden Zeitabstände flexibel anpasst, hat noch Aussicht auf Erfolg im Geschäft, in Beruf und Karriere.“[23]

Doch der schnelle Wandel hat Schattenseiten. „Die ständige Geschwindigkeitssteigerung ist eine Falle. Wer die Höchstgeschwindigkeit als einzige Wahlmöglichkeit besitzt, hat bald keine mehr. Wer ständig nur dem Neuen nachjagt, wird bald zum Gejagten“, so von Mutius.[24]

Wer die Höchstgeschwindigkeit als einzige Wahlmöglichkeit besitzt, hat bald keine mehr. Wer ständig nur dem Neuen nachjagt, wird bald zum Gejagten.

Wie befreiend und realistisch ist doch da die Erkenntnis von David in Ps 31,16: „Meine Zeit steht in deinen Händen. Errette mich von der Hand meiner Feinde und von denen, die mich verfolgen.“

5 Schlussfolgerungen

Alle diese Punkte – der Wertewandel, das „Zeitalter des Ichs“, die Globalisierung (und es gibt noch viel mehr Faktoren) – haben den Menschen und seine Psyche verändert. Daher rührt u. a. auch die unterschiedliche Sicht über Seelsorge zwischen den Generationen, die ich am Anfang aufgezeigt habe. Wir sind so unterschiedlich. Und das verursacht Spannungen in den Ge-

[22] Richard Sennett in Kemper/Sonnenschein, *Globalisierung*, a. a. O., S. 86
[23] Bernhard von Mutius in Kemper/Sonnenschein, *Globalisierung*, a. a. O., S. 50f
[24] ebd., S. 53

meinden. Und es wird entscheidend sein, wie wir mit diesen Spannungen umgehen. Jakobus fasst die Lösung der Spannungen zwischen Armen und Reichen in den Gemeinden in dem Satz zusammen: Wir dürfen nicht den verachten, den Gott erwählt hat (nach Jak 2,5–6). „Habt … Glauben … ohne Ansehen der Person" (Jak 2,1). Arm und Reich ist ja nur ein Beispiel für mögliche Unterschiede in der Gemeinde und den Spannungen, die daraus resultieren. Es gibt weitere: Junge und Alte, Progressivere und Konservativere, Intellektuelle und Gefühlstypen usw. Es ist heute sehr leicht, einfach auseinander zu gehen, und jeder macht seine Sache. Aber das ist nicht das, was Gott will. Wie können wir, die wir so unterschiedlich sind, zusammenbleiben, einander ertragen, ermutigen, ermahnen, erbauen? Darum soll es in dem nächsten Beitrag dieses Buches gehen.

IV Seelsorge im Wandel der Generationen – Lösungsansätze

Matthias Burhenne

1 Unser Umfeld

Im vorherigen Beitrag lieferte Ralf Kaemper eine soziologische Analyse über die Wesensmerkmale von drei Generationen, die in fast jeder Gemeinde vorkommen. Ist eine solche Analyse wirklich nötig? Ich bin fest davon überzeugt. Jesus sagt, dass, wie er in die Welt gesandt ist, auch wir von ihm in die Welt gesandt sind (s. Joh 17,18). Für mich bedeutet das, dass wir uns auch mit dem soziologischen Umfeld, in dem wir leben, auseinander setzen sollen. Paulus lebte es uns vor, Apg 17,16f.22f:

> „16 Während aber Paulus sie in Athen erwartete, wurde sein Geist in ihm erregt, da er die Stadt voll von Götzenbildern sah. 17 Er unterredete sich nun in der Synagoge mit den Juden und mit den Anbetern und auf dem Markt an jedem Tag mit denen, die gerade herbeikamen … 22 Paulus aber stand mitten auf dem Areopag und sprach: Männer von Athen, ich sehe, dass ihr in jeder Beziehung den Göttern sehr ergeben seid. 23 Denn als ich umherging und eure Heiligtümer betrachtete, fand ich auch einen Altar, an dem die Aufschrift war: Einem unbekannten Gott. Was ihr nun, ohne es zu kennen, verehrt, das verkündige ich euch."

Paulus ließ sein Umfeld nicht in Ruhe, es „erregte" ihn. Er kam mit Menschen in Athen ins Gespräch. Er suchte den Dialog. Und als er herausgefordert wurde, Stellung zu beziehen, da konnte er an dem Altar anknüpfen, der die Aufschrift hatte: „Einem unbekannten Gott", und von dem lebendigen Gott berichten, dem Schöpfer Himmels und der Erde.

Um auf etwas eingehen zu können, muss man es erst kennen lernen; um etwas beurteilen zu können, muss man sich erst damit auseinandersetzen, auch wenn es manchmal anstrengend ist. Und sicher, nicht jeder in der Gemeinde muss sich mit allen

Dingen beschäftigen, sondern besser gezielt diejenigen, die in diesem Bereich auch ihre Gaben und ihre Interessen haben. Allerdings sollte es uns alle in einer Gemeinde interessieren, wie wir als unterschiedliche Generationen in einer guten Art und Weise miteinander umgehen können. Sich aus dem Weg zu gehen ist keine gute Umgangsform oder Lösung.

Sich aus dem Weg zu gehen ist keine gute Umgangsform oder Lösung.

2 Die drei Generationen und ihre Prägungen und Herausforderungen

Seelsorge im Wandel der Generationen – um welche Generationen handelt es sich? Es ist die Kriegsgeneration (*Booster* 1927–1945), die Nachkriegsgeneration (*Baby Boomer* 1946–1964) und die *Generation X* (*Buster* 1965–1983). Klar ist, dass sich inzwischen schon eine neue Generation entwickelt. Ein Name, der für diese Generation im Umlauf ist, heißt z. B. *Generation @*. Da eine Generation aber immer erst im Rückblick beschrieben werden kann, kann auf diese Generation noch nicht ausreichend eingegangen werden. Meine ehemalige Jugendgruppe möge es mir verzeihen.

Fasst man die Beobachtungen des vorherigen Beitrags zusammen, dann zeigen sich für die 3 Generationen folgende prägenden Umfelder und Herausforderungen:

Kriegsgeneration

- Durch die Kriegssituation war diese Generation in die permanente Auseinandersetzung mit existenziellen Lebensfragen geworfen. Sehr viele hatten Menschen sterben sehen und selbst Angehörige verloren.
- Es gab klare Werte, klare Moralvorstellungen (z. B. im Blick auf Ehe und Sexualität). Christliche Werte hatten in der Gesellschaft eine Bedeutung, auch wenn sich dahinter bei dem Einzelnen nicht immer eine lebendige Beziehung zu Gott verbarg.

- Fleiß, Ausdauer und Zuverlässigkeit waren typische Charaktermerkmale. Alter stand für Qualifiziertheit. Fast alle mussten sich eine neue Lebensexistenz aufbauen. In einem Beruf konnte man sich oft über Jahre bewähren und „hocharbeiten".
- Für zwischenmenschliche Beziehungen außerhalb der Familie gab es nur wenig Zeit.
- Es gab wenige, aber durchaus markante technische Neuheiten (z. B. Autobahnen, Fernsehen).

Die Nachkriegsgeneration

- Sie hatten noch die Auswirkungen des Krieges in ihrer Kindheit miterlebt.
- Sie erlebten aber auch den aufkommenden Wohlstand, wie Deutschland wieder zu einer Größe wurde.
- Es gab wieder Zeit, über Dinge nachzudenken, Neues auszuprobieren – es ging nicht ums Überleben, sondern man konnte Leben wieder gestalten.
- Zwischenmenschliche Beziehungen auch außerhalb der Familie wurden wichtiger.
- Die technischen Entwicklungen wurden immer beeindruckender und schneller.

Die Generation X

- Sie kennt nur den Frieden in Deutschland und keine lebensbedrohlichen Katastrophen.
- Sie ist bestimmt von ungeahnten Möglichkeiten. Das Zeitalter des PCs und Internets bestimmt das Leben von vielen. Die Welt wird mit dem Beginn der Nutzung des Internets „klein".
- Ein enormes Tempo bestimmt ihr Leben. Flexibilität, gerade auch am Arbeitsplatz, ist wichtig. Man muss schnell sein, sich anpassen können.
- Sie ist eher durch Unbeständigkeit und eine gewisse Unverbindlichkeit bestimmt. Treue, ob bei einem Partner oder zu einem Fabrikat (z. B. Auto), zählt nicht mehr sehr viel.

- Die Patchwork-Moral und die Patchwork-Religionen bestimmen zunehmend das Denken von vielen Menschen.
- Beziehungen sind wichtig, Authentizität ist gefragt.

3 Die drei Generationen und ihre Beziehung zu Seelsorge, Psychologie und Psychotherapie

Die Kriegsgeneration: „Seelsorge, ist das nötig? Wir haben den Herrn!"

- Die Psychologie als Wissenschaft war noch kaum bekannt. Das erste psychologische Institut wurde zwar in Leipzig 1878 gegründet, aber es hat noch Jahrzehnte gedauert, bis sich das auf andere Universitäten in Deutschland auswirkte und Psychologie eine anerkannte Wissenschaft wurde. Sie ist eine der jüngsten Wissenschaften, die es gibt.
- Psychotherapeutische Methoden gab es kaum oder waren in der Durchschnittsbevölkerung nicht bekannt.
- Im evangelikalen Raum setzte man sich mit Psychologie und Psychotherapie praktisch nicht auseinander.

Die Nachkriegsgeneration: „Seelsorge ist in Ordnung, wir nehmen sie in Anspruch, falls nötig."

- Psychologie ist inzwischen eine anerkannte Wissenschaft, einige psychotherapeutische Methoden werden seit 1965 von Krankenkassen anerkannt.
- Es findet im evangelikalen Raum eine kritische Auseinandersetzung mit Psychologie und Psychotherapie statt.

Die *Generation X*: Seelsorge und Lebenshilfe ist „überlebensnotwendig".

- Psychologie und psychotherapeutische Methoden sind in der Gesellschaft akzeptiert.
- Man ist auch offen für neue therapeutische Ansätze, die z. B. im Zuge der New Age Bewegung bekannter wurden. Alles ist möglich. Der Blick auf die Aushänge an Universitäten zeigt, wie Einladungen von Gurus, von Heilern etc. salonfähig geworden sind.

- Im evangelikalen Raum entstehen verschiedene Seelsorgerichtungen. Drei große Richtungen lassen sich beschreiben: a) Absolute Ablehnung von Psychotherapie und teilweise von Psychologie, b) Integration von Erkenntnissen aus Psychologie und Psychotherapie, soweit sie mit dem biblischen Menschenbild und biblischen Aussagen vereinbar sind und c) Seelsorge wird mit Psychologie und Psychotherapie gleichgesetzt.

Generationen werden durch unterschiedliche Faktoren geprägt

a) Die Gesellschaft und das historische Umfeld zur Jugendzeit

Die drei vorgestellten Generationen kommen aus sehr unterschiedlichen historischen Kontexten. Sie mussten sich unterschiedlichen Herausforderungen in ihrer jeweiligen Jugendzeit stellen und sind dementsprechend auch unterschiedlich geprägt. Und sie haben unterschiedliche Phasen der Entwicklung von Psychologie und Psychotherapie miterlebt.

b) Die Gene

Wir haben von Gott geschenkte unterschiedliche Veranlagungen, Gaben und Persönlichkeitstypen. Diese sind durch unsere Gene bestimmt, zwar sicher nicht nur, aber doch zu einem nicht zu unterschätzenden Anteil, wie Untersuchungen aus der Zwillingsforschung zeigen.

c) Das Alter

Je älter man wird, desto schwerer fällt es einem, Neues zu lernen und desto langsamer wird man. Zwei Aussagen von älteren Menschen, die ich nicht in einem abwertenden Sinn gebrauchen möchte, sondern als ehrliche und persönliche Äußerungen, verdeutlichen dies: „Welchen Sinn hat es noch, dass ich zu Schulungen fahre?“ oder: „Einen alten Baum pflanzt man nicht um.“

Das ist nicht Sturheit und Desinteresse, sondern Folge des permanenten Erlebens, dass man das Tempo reduzieren muss und bei vielen Dingen des Lebens nicht mehr mitkommt. Ich frage mich selbst manchmal mit Sorge: Was kommt nach dem Internet? Aber typisch für mein Alter und z. B. auch für meine Persönlichkeit ist, dass ich auch neugierig und erwartungsvoll darauf bin.

An dieser Stelle soll kurz und stark vereinfacht auf zwei große Gruppen von Persönlichkeitstypen eingegangen werden. In der Gemeindearbeit, gerade bei Konfliktsituationen, habe ich sie immer wieder beobachtet. Dies sind:

- die **Bewahrer**, die Konservativeren – schwerpunktmäßig in der Kriegsgeneration (teilweise auch Nachkriegsgeneration) zu finden, was sich durch das Alter und ihr historisches Umfeld erklären lässt und sicher auch nicht zu absolut gesehen werden darf, und
- die **Veränderer**, die Progressiveren – schwerpunktmäßig in der *Generation X* zu finden, was sich ebenfalls durch ihr Alter und historisches Umfeld erklärt. Natürlich gibt es auch hier Ausnahmen.

Diese drei Faktoren Gesellschaft bzw. historisches Umfeld, Gene und das Alter sowie die beiden Persönlichkeitstypen Bewahrer und Veränderer bestimmen unser Denken und Handeln. Wir müssen sie im Hinterkopf haben, wenn wir jetzt zum nächsten Punkt kommen, nämlich zu der Frage: Wie gehen wir mit den unterschiedlichen Sichten dieser drei Generationen, gerade im Bereich der Seelsorge, um?

Menschen unterschiedlicher Generationen werden durch ihr historisches Umfeld in der Jugendzeit, durch ihre Gene und durch ihr Alter herausgefordert und geprägt.

Wir wünschen uns einen friedlichen und liebevollen Umgang zwischen den Generationen in Gemeinden, doch die Realität wird oft vom kritischen Beobachten, Skepsis und Spannungen bis zum offenen Konflikt bestimmt.

4 Die drei Generationen und der Umgang mit den unterschiedlichen Sichten zur Seelsorge

Ich kann mich erinnern, wie ich in einer Gemeinde erlebte, dass ein Teil der jungen Erwachsenen anfing, eine biblisch-therapeutische Seelsorgeform zu entdecken. Knapp 10 % der Gemeinde besuchte recht schnell Kurse der entsprechenden Ausbildungsstätte. Einige nur 1 oder 2 Kurse, andere die ganze Ausbildung. Alle waren damals zwischen 20 und 35 Jahre alt, keiner war 50 oder 60 Jahre alt.

Was passierte dann? Bei den Älteren entstand eine Unsicherheit, was denn da die Jüngeren eigentlich machten, was sie suchten, was sie anscheinend in der Gemeinde nicht fanden. Es gab Aussagen von Älteren, ob man denn jetzt nur noch Seelsorge mit Ausbildung durchführen dürfte. Man merkte Skepsis und Misstrauen. Und es gab kritische Anfragen, ob denn hier nicht langsam die Psychologie an die Stelle der Bibel gestellt werden würde.

Aber es gab auch wenige Ältere, die fragten interessiert nach. Sie hörten sich die Berichte über die Inhalte der Kurse an und fingen an, sich mit Büchern aus diesem Bereich zu beschäftigen. Die Thematik beruhigte sich in der Gemeinde, als es Gott schenkte, dass eine Person innerhalb weniger Wochen durch eine intensive therapeutisch-seelsorgerliche Begleitung eine deutliche Besserung ihres Zustandes erlebte. Die kritischen Stimmen wurden vorsichtiger.

Aber in anderen Gemeinden lief es ganz anders. Da gab es z. B. in einer Gemeinde eine Person, die sich zunehmend im Laufe der Seelsorgeausbildung von ihrer Gemeinde distanzierte. Diese Person wollte Seelsorge in der Gemeinde nur noch gegen eine gewisse Bezahlung durchführen. Es kam zum Konflikt. Die Gemeinde entwickelte deshalb eine negative Haltung zu der entsprechenden therapeutischen Ausbildungsrichtung und auch generell zu Seelsorgeausbildungsstätten.

Zwei Gemeinden und zwei Einzelfälle, aufgrund derer die Gemeinden jeweils ihr Urteil gefällt hatten. Oft beurteilen wir sehr schnell vom Einzelfall ausgehend, und pauschalisieren.

Stattdessen sollten wir gründlich prüfen, indem wir uns mehrere Situationen über einen längeren Zeitabschnitt anschauen, um dann zu einer differenzierten und qualifizierten Bewertung zu kommen.

Oft beurteilen wir, vom Einzelfall ausgehend, und pauschalisieren, statt gründlich zu prüfen und dann differenziert und qualifiziert zu bewerten.

Nun kann es aber sein, dass wir trotz einer gründlichen, differenzierten und qualifizierten Prüfung zu einer unterschiedlichen Sicht und Beurteilung über eine Sache kommen. Für mich ist ein Abschnitt in der Bibel sehr zentral, der uns zeigt, wie wir mit unterschiedlichen Sichten und Erfahrungen innerhalb einer Gemeinde umgehen sollen.

Röm 14,2–3: „Einer glaubt, er dürfte alles essen; der Schwache aber isst Gemüse. Wer isst, verachte den nicht, der nicht isst; und wer nicht isst, richte den nicht, der isst; denn Gott hat ihn aufgenommen."

Hier geht es um das Richten, um das Verachten, und Paulus macht dies an zwei Beispielen deutlich, die zur damaligen Zeit Brisanz hatten. Hier geht es um Fleisch und Gemüse und später im Text um das Halten des einen Tages vor dem anderen. Ich habe überlegt, wie wir dies auf heute und die unterschiedlichen Sichten zur Seelsorge übertragen können.

Ein Vergleich: Der eine lebt in relativ wenigen persönlichen Beziehungen, der andere hat einen geistlichen Vater, eine Gebetsbruderschaft und einen Mentor.

Ein zweiter Vergleich: Der eine versucht, beim direkten Bibellesen für eine Lebenskrise Hilfe zu bekommen und erlebt, wie Gott handelt und ihn aus der Krise herausführt. Der andere sucht z. B. einen therapeutischen Seelsorger oder christlichen Lebensberater auf, arbeitet mit ihm an seiner Lebenskrise und erlebt, wie Gott durch diese Begleitung handelt und hilft.

Sicher hinkt dieser Vergleich etwas, aber ich hoffe, es ist verständlich, was ich deutlich machen will. Es ist zu einfach und entspricht auch nicht unserer schöpfungsgemäßen Vielfalt, dass wir alle in der gleichen Art geistliches Wachstum erleben und alle durch die gleiche Form von Seelsorge und Beratung Hilfe in Lebenskrisen erfahren.

Ich kann hier nicht auf die Frage, wie sich Seelsorge und Psychologie und Psychotherapie zueinander verhalten, eingehen – ob sie sich ergänzen können oder nicht. Das ist Thema des Beitrags V von Helge Stadelmann. Es sei hier nur soviel in aller Kürze gesagt: Psychotherapeutische Methoden dürfen nicht das Gespräch mit Gott ersetzen und biblische Wahrheiten in der Hintergrund drängen.

Zurück zu Röm 14. In V. 10 heißt es: „Du aber, was richtest du deinen Bruder? Oder auch du, was verachtest du deinen Bruder?"

Zum Richten neigen eher die Konservativeren, die Bewahrer, zum Verachten neigen eher die Progressiveren, die Veränderer.

Richten und verachten wird hier einander gegenüber gestellt. Ich möchte wieder versuchen, das auf unser Thema zu übertragen: Richten, dazu neigen eher die Konservativeren, die Bewahrer; und Verachten, dazu neigen eher die Progressiveren, die Veränderer.

Dem Bewahrer rutscht dann schon eher mal einer der folgenden Sätze heraus, wenn er hört, dass es einem ihm vertrauten Gemeindeglied schlecht geht und dieses sich z. B. an einen seelsorgerlichen Lebensberater wendet: „Hast du überhaupt schon mal über deine Beziehung zu Gottes Wort nachgedacht? Machst du eigentlich noch deine Bibellese? Oder hast du vielleicht so eine kleine Geheimsünde? Vielleicht ist das dein eigentliches Problem." Der Bewahrer merkt dabei oft nicht, wie verletzend solche Unterstellungen sind und dass sein Gegenüber sicher gerne z. B. eine aktive Bibellese hätte, doch es vielleicht nicht schafft. Vielleicht liest er aber auch sehr regelmäßig Bibel und es geht ihm trotzdem schlecht.

Der Veränderer antwortet dann vielleicht mit Sätzen wie: „Ihr seid doch immer gegen alles und für nichts Neues offen. Vielleicht handelt Gott ja durch diesen christlichen Lebensberater. Ihr seht doch gar nicht wirklich, wie Geschwister in Nöten leiden, und wie euch die Gemeinde wegläuft und immer mehr schrumpft. Euch geht es nur um Formen und Regeln, dass man seine Stille Zeit am Morgen macht und und und …"

Der Veränderer übersieht dabei aber manchmal, dass keiner in der Gemeinde möchte, dass die Gemeinde schrumpft und dass natürlich auch der Bewahrer Menschen zu Gott führen möchte und Menschen in Nöten helfen will.

Es gibt verschiedene Hinweise in der Bibel, die es deutlich machen, welchen verheerenden Schaden unsere Zunge anrichten kann (Jak 1,26; 3,5.8; 1Petr 3,10). Ein paar Aussagen in Richtung der eben genannten Beispiele in einer Bibelstunde, gar in einer Predigt oder eben in einem persönlichen Gespräch, und man erzeugt Lagerbildungen und Parteiungen in der Gemeinde.

Paulus fordert zu einem ganz anderen Verhalten auf. Er möchte, dass wir Toleranz füreinander üben. Bonhoeffer prägte die Worte von der billigen und teuren Gnade. Ich möchte hier von der billigen und teuren (liebevollen) Toleranz reden.

- Die **billige Toleranz** sagt: „Ach lass sie doch machen, sie werden schon ihren Weg finden. Ich lebe meinen Stil, und sie sollen ihren leben." Die billige Toleranz findet oft dann ihre Grenze, wenn die beiden Stile zusammen etwas machen müssen, z. B. in der Gemeinde Gottesdienst feiern oder Gott gemeinsam anbeten.
- Die **teure (liebevolle) Toleranz** will den anderen verstehen. Sie ist an dem Leben und den Erfahrungen des anderen interessiert. Sie ist bemüht, die andere Prägung, das andere Alter und die anderen Herausforderungen, in der eine Person steht, zu begreifen. Sie will verstehen, beurteilen, aber nicht verurteilen. Sie erkennt die Schwachheit des anderen, sie trägt ihn und sie will erbauen. In Röm 14,19 heißt es: „So lasst uns nun dem nachstreben, was des Friedens ist, und dem, was zur gegenseitigen Erbauung dient."

In einem ersten Schritt unseres Denkens müssen wir von der billigen Toleranz zur teueren (liebevollen) Toleranz kommen.

In einem ersten Schritt unseres Denkens müssen wir von der billigen Toleranz zur teueren (liebevollen) Toleranz kommen. Aber ich möchte nicht bei der teuren liebvollen Toleranz stehen bleiben, obwohl dies schon viel wäre. Es gibt noch einen weiteren Schritt, den ich im nächsten Abschnitt beschreibe.

5 Die drei Generationen und ein konstruktives Miteinander

Das 3-Ebenen-Modell der Seelsorge wurde schon im Beitrag I vorgestellt. Ich glaube, dass dieses 3-Ebenen-Modell auch für die drei unterschiedlichen Generationen und ihre Eigenarten und Sichten zur Seelsorge eine gute Verknüpfungsmöglichkeit und einen Lösungsansatz bietet. Ich möchte dieses Modell jetzt auf die praktische Gemeindearbeit übertragen und aufzeigen, wie es trotz unterschiedlicher Sichten zur Seelsorge zu einem guten und kraftvollen Miteinander in der Gemeinde kommen kann und nicht zu einem argwöhnischen Beäugen.

a) Die Umsetzung des 3-Ebenen-Modells in einer Gemeinde

Wenn das 3-Ebenen-Modell der Seelsorge nicht konsequent in Aufgabenbereiche und Arbeitskreise mit Leitern umgesetzt wird, dann ist nichts gewonnen. Ich war schon oft in Sitzungen, in denen es hieß: „Wir müssen mehr zu einer seelsorgerlichen Gemeinde werden. Wir müssen uns darum bemühen, dass wir wirklich Notleidenden helfen.“ Aber wenn wir bei Modellen, Ideen und Plänen nicht auch sofort über die ersten praktischen Schritte nachdenken und wer konkret die Verantwortung übernimmt (wer leitet), dann passiert oft nichts in einer Gemeinde. Die folgende Grafik zeigt, wie die drei Ebenen sich in verschiedenen Aufgabenbereichen wieder finden.

Die Umsetzung in den Gemeindekontext

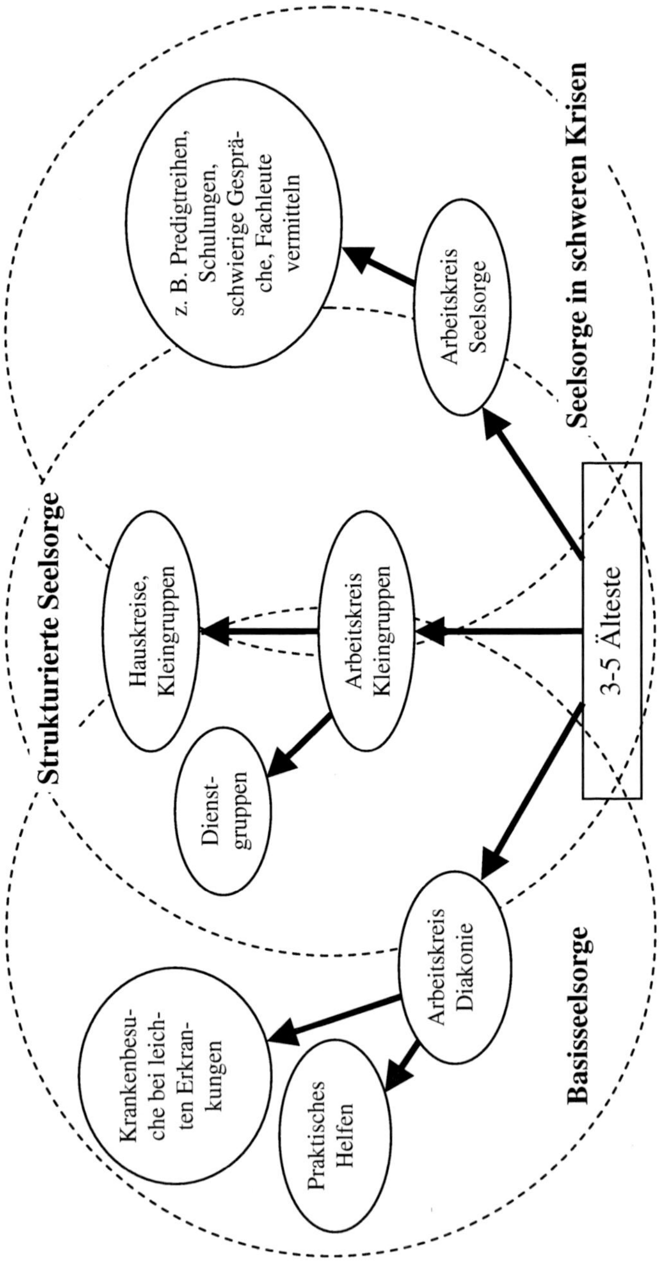

In der **„Basisseelsorge"** gibt es den Bereich des „praktischen Helfens", und der „Krankenbesuche". Drei Beispiele dazu: Eine Mutter wird krank, die Kinder sind noch klein und der Mann muss innerhalb der Woche oft länger beruflich unterwegs sein. Hier ist praktische Hilfe, Essen kochen und auch der regelmäßige Krankenbesuch ganz wichtig. Hier heißt Seelsorge – Basisseelsorge –, praktisch zu helfen. Gespräche sind hier kaum sinnvoll. Ich kann mich an eine alte Frau erinnern, die für eine Großfamilie Löcher in der Wäsche stopfte und bügelte. Das war für diese Familie enorm wertvoll, eine große Entlastung. Auch Gebete sind praktische Hilfe. Was wären unsere Gemeinden ohne diese praktische Hilfe der Fürbitte.

Diese praktische Hilfe liegt besonders der Kriegsgeneration am Herzen, sie betet treu, sie kümmert sich treu um ältere Gemeindeglieder. Wir merken auch, wie es ihrer Zeit und ihren Herausforderungen entspricht – in der Not treu und praktisch zu helfen.

Braucht man für die Basisseelsorge aber wirklich auch klare Strukturen in einer Gemeinde? Wenn eine Gemeinde über 40–50 Gemeindeglieder hat, ist das meiner Ansicht nach sinnvoll, denn dann kann nicht mehr jeder jeden einfach so im Blick haben. Ich glaube, dass ein Kreis, der Verantwortung übernimmt und einen (oder zwei) Leiter hat, der den Überblick über diesen Bereich der Gemeinde hat, die Basisseelsorge der Gemeinde deutlich verbessern kann. Sonst kann es schnell passieren, dass ältere kranke Gemeindeglieder übersehen werden oder bei stillen gar nicht wahrgenommnen wird, dass sie Hilfe brauchen.

Das praktische Helfen und die Krankenbesuche bei leichteren Erkrankungen sind ganz wichtige seelsorgerliche Wesensmerkmale einer Gemeinde.

Praktisches Helfen und Krankenbesuche sind wichtige Aspekte dessen, was im 3-Ebenen-Modell der Seelsorge unter Basisseelsorge verstanden wird.

Die Wichtigkeit von guten Beziehungen in einer Gemeinde und wie man in einer Gemeinschaft kleinere Konflikte bewältigt, hat Harald Petersen (s. Beitrag II) in seinem Beitrag ausführlich dargestellt. Auch das ist Basisseelsorge, auch wenn es oft nicht so genannt wird.

Ebenso gehört zur Basisseelsorge auch der Bereich der Hauskreise und Kleingruppen. Dort ist ebenfalls praktische Hilfe wichtig. Wer ist z. B. bereit, seine Wohnung für die anderen zur Verfügung zu stellen. Und wie wohltuend für die Hauskreisteilnehmer, wenn jemand ein tolles Essen oder einen schönen Salat bei jedem Treffen hinstellt. Dadurch werden Gespräche und Beziehungsräume motiviert, ohne dass man selbst die Beziehungskanone sein muss. Auch der Aspekt der Kinderbetreuung für Hauskreise ist nicht zu unterschätzen. Wie oft kann nur ein Elternteil zu einem Hauskreis kommen, weil der andere auf die Kinder aufpassen muss. Es kann die Hauskreisbeteiligung in einer Gemeinde deutlich anwachsen lassen, wenn es Gemeindeglieder gibt, die diesen praktischen Dienst tun. Hier ist es natürlich besonders von Vorteil, wenn möglichst viele Hauskreise und Kleingruppen auf einem Tag liegen, damit ausreichend Kinder für eine Kinderbetreuung zusammenkommen.

Aber Kleingruppen und Hauskreise bieten noch mehr. Damit kommen wir zur **„strukturierten Seelsorge“**. In Hauskreisen und Kleingruppen, aber auch in Dienstgruppen (z. B. Putzteam) finden Beziehungen statt, da entwickelt sich Vertrauen. Manche Hauskreise haben direkt zur Zielsetzung, dass sie seelsorgerliche Hauskreise sein wollen. Die Häufigkeit der Treffen und dass man am Ende oft noch Zeit zum Reden hat, bieten geniale Möglichkeiten für regelmäßige seelsorgerliche Gespräche, ohne dass man extra Termine ausmachen muss. Im normalen Gemeindealltag ist es ja eher die Ausnahme, dass ein Gemeindeglied ein anderes anspricht und fragt: „Du, können wir uns jetzt mal über 2 Monate alle 2 Wochen treffen, ich hab da ein Problem in meinem Leben“. Regelmäßige strukturierte Gespräche können wichtig und hilfreich sein, sind aber in

Die Häufigkeit der Treffen von Hauskreisen und Kleingruppen und die Zeit am Ende zum Reden bieten geniale Möglichkeiten für regelmäßige seelsorgerliche Gespräche.

einer Gemeinde gar nicht so leicht zu beginnen. Hauskreise und Kleingruppen schaffen einen optimalen Rahmen dafür.

Welche Generation hat hier ihren Schwerpunkt? Die intensiveren Beziehungen, das lange Reden und sich lange Zuhören im Hauskreis, vielleicht auch über Empfindungen und Gefühle zu reden, das liegt der Kriegsgeneration oft nicht so, da liegt eher der Schwerpunkt in der Gruppe der Nachkriegsgeneration und besonders der *Generation X*. Gerade letztere wünscht sich persönliche Kleingruppen, in denen man echt sein kann und in denen es nicht primär um biblische Wissensvermittlung geht, sondern um den Austausch persönlicher Erfahrungen und Erlebnisse mit Gott. Sie brauchen diese engen Beziehungen in ihrer Zeit, die enorm schnelllebig ist und eine hohe Flexibilität von ihnen erwartet. Ob meine Einschätzung im Blick auf deine Gemeinde wohl stimmt? Man kann dies leicht überprüfen. Geh deine Gemeinde einmal vor deinem inneren Auge durch. Welche Generation ist stark in Hauskreisen und Kleingruppen vertreten, besonders in seelsorgerlichen, und welche nicht? Auch hier gilt, dass Ausnahmen die Regel bestätigen.

Manche Teilnehmer von Hauskreisen – insbesondere oft die Leiter – merken, wie viele seelsorgerliche Gespräche sie plötzlich haben. Ich bin deshalb schon manches Mal angefragt worden, eine Schulung für Hauskreisleiter zur seelsorgerlichen Gesprächsführung zu halten. Viele merken in den Gesprächen, dass sie eine gewisse Fachkenntnis brauchen, um jemanden, der einem immer wieder von seinen depressiven Gefühlen erzählt, wirklich helfen zu können. Dazu sind die strukturierte Seelsorge und Kenntnisse zur seelsorgerlichen Gesprächsführung hilfreich. Hier haben die Nachkriegsgeneration und besonders die *Generation X* ihren Schwerpunkt. Diese beiden Generationen besuchen gerne Seelsorgeausbildungen und wollen dazulernen, um im nächsten Gespräch besser helfen zu können.

Damit möchte ich zur **„begleitenden Seelsorge in schweren Krisen“** kommen. Glaubt man den Statistiken, dann leiden 30 % der Patienten, die zu einem Allgemeinarzt gehen, an einer psychiatrischen Erkrankung. Ca. 5–10 % der deutschen Gesamtbevölkerung leidet an behandlungsbedürftigen Depressionen. Etwa 14 000 Menschen sterben pro Jahr in Deutschland durch Selbstmord. Das heißt, alle 45 Minuten bringt sich ein deutscher Mitbürger um[25]. Hier könnte man noch viele Zahlen nennen. Dass diese Erkrankungen und Ereignisse nicht vor unseren Gemeindetüren halt machen, kann wohl jeder nachvollziehen. Und wenn Gemeinde sich bewusst den Menschen in Nöten oder Krisen oder Randgruppen der Gesellschaft zuwendet, dann wird sie deutlich höhere Prozentzahlen angeben können als die dargestellten Durchschnittswerte für die Gesamtbevölkerung Deutschlands.

Die Not ist groß: z. B. leiden 5–10 % der deutschen Gesamtbevölkerung unter behandlungsbedürftigen Depressionen. 14 000 Menschen sterben pro Jahr in Deutschland durch Selbstmord.

Eine Gemeinde muss auf das Vorkommen von schweren psychischen Erkrankungen bei Gemeindegliedern und Gästen vorbereitet sein. Nur, wie erkennt man als Laie eine Depression oder z. B. ein Zwangsverhalten? Oder vielleicht erzählt dir plötzlich jemand in der Gemeinde: „Weißt du, ich höre jetzt besondere Stimmen und habe besondere Eindrücke." Du hast aber den Eindruck, dass diese nicht aus der Beziehung zu Gott herrühren, weil diese Eindrücke sehr skurril sind und selbstzerstörerische Aspekte enthalten. Es wäre gefährlich zu denken: „Ach, das wird sich bei ihm schon wieder geben." Hier muss gehandelt werden. Viele Fragen sind zu bewegen. Automatisch überlegt man, was könnte es sein – eine Form von Schizophrenie? Noch wichtiger ist die Frage, wie man diesem Menschen die richtige Hilfe vermitteln kann. Dazu sind Kenntnisse über Fachleute notwendig. Jetzt erst zu telefonieren und Informationen einzuholen, kann sehr mühsam sein und ist viel zu spät.

Sicher muss nicht jeder in der Gemeinde solche Fachkenntnisse besitzen und Informationen über Fachleute haben. Aber

[25] Möller, Hans-Jürgen/Laux, Gerd/Deister, Arne unter Mitarbeit von Braun-Scharm, Hellmuth, *Psychiatrie und Psychotherapie*, 2. vollst. überarb. und erw. Aufl.; Stuttgart: Thieme, 2001

zwei oder drei sollten es mindestens sein, die dann in der Not helfen können, die Grundmerkmale häufiger psychischer Erkrankungen kennen, die bei Suchterkrankungen Hilfe vermitteln. Sie sollten wissen, wo ein guter christlicher Arzt oder Psychotherapeut zu finden ist. Sie sollten Erfahrungen mit Krankenhäusern haben und wissen, welches Krankenhaus in der Umgebung eine gute psychiatrische und psychotherapeutische Station hat.

Wie viele Menschen in Krisen leiden still vor sich hin, weil sie wissen, dass es in ihrer Gemeinde, aber auch im Berufsumfeld, kritisch gesehen wird, wenn sie zu einem Psychologen, Psychotherapeuten oder zu einem Psychiater gehen. Wie froh wären viele, wenn sie einen christlichen Psychiater oder Therapeuten von verantwortlichen Personen in der Gemeinde empfohlen bekommen würden. Manche machen sich dann alleine auf die Suche und nehmen die erstbeste Adresse. Hier sollte es Hilfsangebote in einer Gemeinde geben. Ich bekomme öfter Anrufe, in denen jemand fragt, ob ich nicht eine Person in seiner Gegend kenne, der eine gute – auf dem Fundament der Bibel stehende – therapeutische Seelsorge oder christliche Lebensberatung anbietet. Das zeigt die Informationslücke in den Ortsgemeinden in diesem Bereich. Ich glaube, wir brauchen einige wenige seelsorgerlich begabte Geschwister in der Gemeinde, die in enger Zusammenarbeit mit den Ältesten diesen Bereich in der Gemeinde abdecken.

Auch hier liegt der Schwerpunkt der Personen, die an solch einem Aufgabengebiet in der Gemeinde interessiert sind, eher bei der Nachkriegsgeneration und bei der *Generation X*. Und diese Generationen lassen sich auch eher dazu motivieren, in einem entsprechenden Arbeitskreis Seelsorge mitzuarbeiten. Ein solcher Arbeitskreis für Seelsorge oder ein Diakonat für Seelsorge – es ist völlig egal, wie man es nennt – ist hier eine große Hilfe. Er kann verantwortlich Aufgaben übernehmen und sich auch um andere seelsorgerliche Anliegen der Gemeinde kümmern, ohne dass in diesem Kreis „Seelsorgefälle“ durchgesprochen werden, denn dies hat sich in der Regel nicht bewährt. Muss über eine Person in der Gemeinde einmal gesprochen werden, weil ein schwieriges Verhalten öffentlich sichtbar wurde, z. B. im Gottesdienst, dann sollte das der Ältestenkreis oder die Leitung der Gemeinde tun. Aber ein Arbeitskreis Seelsorge ist deshalb noch lange nicht arbeitslos. Es ist ein sehr wichtiger Punkt, wenn solch ein Kreis seelsorgerliche Predigtreihen plant oder auch Seminare mit guten Fachreferenten organisiert, die bestimmten Zielgruppen in der Gemeinde mit ihren Nöten helfen. Es gibt viele Aufgaben, die brach liegen und viele Nöte, bei denen dieser Kreis eine wichtige Aufgabe im Blick auf eine gemeindeorientierte Seelsorge übernehmen kann.

Ein verantwortlicher Kreis (z. B. ein Arbeitskreis Seelsorge) kann Projekte entwickeln und Aufgaben übernehmen, mit denen eine einzelne Person oder auch die Leitung einer Gemeinde oft überfordert sind.

Oft ist die Leitung einer Gemeinde mit diesen konkreten Projekten, die viel Planungsaufwand bedeuten, überfordert und der gute Vorsatz in einer Gemeinde „Wir müssten mal …“ wurde schon so oft nicht in die Praxis umgesetzt, weil dafür keiner konkret verantwortlich war.

b) Gemeindeorientierte Seelsorge braucht begabte Leiter

Die Erfahrung zeigt, dass unterschiedliche Arbeitskreise, wie in der Grafik dargestellt, auch im Bereich der Seelsorge, dazu neigen auseinanderzudriften, ihre Ziele aus dem Auge zu verlieren. Manchmal machen sie sich sogar Konkurrenz oder kritisieren sich gegenseitig, wenn es nicht ein Leitungsteam, einen Leiter oder Verantwortliche gibt, die im Sinne der Gabe der Leitung zielorientiert, fleißig und liebevoll leiten (Röm 12,8). Dabei müssen sie die Gesamtgemeinde im Blick haben und mit der Leitung einer Gemeinde im Gespräch sein. Paulus vergleicht die Gemeinde mit dem menschlichen Körper. In 1Kor 12,14 heißt es: „Denn auch der Leib ist nicht ein Glied, sondern viele. Wenn der Fuß spräche: Weil ich nicht Hand bin, gehöre ich nicht zum Leib; gehört er deswegen nicht zum Leib?“

Ich möchte das übertragen: Was wäre die Gemeinde, wenn es nur praktische Hilfe gäbe, aber kein Zuhören, kein Ordnen von schwierigen Lebensumständen und verworrenen Gedankengängen und auch keine Kenntnisse, wo man in schweren Nöten fachliche Hilfe bekommen kann? Und was wäre eine Gemeinde, in der es nur Kenntnisse darüber gibt, wo man bei schweren psychischen Nöten fachliche Hilfe bekommt, es aber keine praktische Hilfe mehr gibt? Solche Gemeinden wären kein vollständiger Leib, sie wären zerteilt oder nur ein Teil, ein Fragment einer Gemeinde. Paulus schreibt in 1Kor 12,19: „Wenn aber alles ein Glied wäre, wo wäre der Leib?" Gott hat uns vielfältig geschaffen und seine Idee von Gemeinde war, dass es darin mehrere Generationen gibt. Die „Jungen" sollen mit den „Alten" und die „Alten" mit den „Jungen" in einer Gemeinschaft leben. Natürlich kann es zielgruppen- und generationsbezogene Veranstaltungen geben, aber eben nicht nur.

6 Zusammenfassung

Dieser Beitrag hat aufgezeigt, warum verschiedene Generationen unterschiedliche Sichten zur Seelsorge haben und oft sogar ein unterschiedliches Seelsorgeverständnis. Das 3-Ebenen-Modell berücksichtigt die Vielfalt der Aussagen zum Bereich des seelsorgerlichen Handelns in Wort und Tat in der Bibel. Es wird deutlich, dass sich die verschiedenen Generationen den drei Ebenen teilweise zuordnen lassen.

Alle Generationen einer Gemeinde brauchen sich gegenseitig, wenn sie ein lebendiger Leib Christi – der Frucht bringt – sein wollen.

Statt in einer Konkurrenz zu leben oder sich gegenseitig argwöhnisch zu beobachten, kann man zu einer fruchtbaren Zusammenarbeit zwischen den Generationen kommen. Damit wird eine Gemeinde zu einer seelsorgerlichen Gemeinde, in denen Menschen praktische Hilfe bekommen, persönliche tiefgehende Beziehungen in kleinen Gruppen erleben und in schweren Nöten auch fachliche Hilfe finden können.

Wir brauchen uns gegenseitig, ganz gleich ob Kriegsgeneration, Nachkriegsgeneration oder *Generation X*, wenn wir den vielfältigen Herausforderungen unserer Zeit gerecht werden wollen und wirklich ein lebendiger Leib Christi – der Frucht bringen soll – sein wollen.

V Seelsorge und Psychologie, Psychotherapie, Psychiatrie: Helfendes Handeln im Grenzbereich

Helge Stadelmann

1 Einleitung

Der Themenbereich „Seelsorge und Psychologie“ ist ein komplexes Gebiet. Da gibt es keine einfachen Antworten, selbst wenn man das Thema einfach darzustellen versucht. Es wäre doch zu schlicht, allein Seelsorge zu befürworten – und alles, was mit Psychologie zusammenhängt, zu verteufeln. Und es wäre anmaßend, eine Lanze dafür zu brechen, wie hilfreich Psychologie, Psychotherapie oder Psychiatrie doch seien – und deshalb den Verzicht auf Seelsorge zu erklären. Wer zu einfache Antworten gibt, denkt nicht weit genug. Vereinfachungen enthalten immer ein Stück Wahrheit. Aber sie werden der Wahrheit und der Wirklichkeit nicht gerecht. Komplexe Wahrheiten sind oft komplementär. So ist das auch bei dem Themengebiet „Seelsorge und Psychologie“ und der Frage, wie die eine oder andere der beiden Komponenten für den Menschen jeweils hilfreich sein kann in seiner vielfältigen Bedürftigkeit in geschöpflicher und geistlicher Hinsicht. Der vorliegende Beitrag setzt im Titel bewusst ein „und“ zwischen „Seelsorge und (!) Psychologie, Psychotherapie, Psychiatrie“. Er stellt zunächst die Frage, was diese Gebiete miteinander verbindet und ob bzw. wie sie sich ergänzen können. Zugleich sind aber auch Abgrenzungen nötig. Was kann Seelsorge und nur Seelsorge leisten und eben nicht die Psychologie, Psychotherapie oder Psychiatrie? Was kann andererseits Seelsorge nicht leisten; wo muss also der Seelsorger seine Grenzen sehen und erkennen, dass er die Ergänzung

Der Themenbereich „Seelsorge und Psychologie“ ist ein komplexes Gebiet. Da gibt es keine einfachen Antworten.

durch Fachleute aus den drei genannten humanwissenschaftlichen Gebieten braucht? Und wo gibt es innerhalb einer ganzheitlichen Seelsorge die Notwendigkeit zu unterscheiden, welcher Befund welche Mittel und Ziele erfordert?

Dieser Beitrag will keine umfassende Seelsorgelehre entfalten. Er widmet sich insbesondere der Seelsorge im Grenzbereich zu den angrenzenden Gebieten Psychologie, Psychotherapie und Psychiatrie. Andere Beiträge in diesem Buch haben mit Basisseelsorge innerhalb der Gemeinde zu tun: einer Seelsorge mit der Bibel in der Hand; einer Seelsorge, die das Gebet und die Gemeinschaft betont. Das sind unverzichtbare Aspekte der Seelsorge, deren Bedeutung der gegenwärtige Beitrag voraussetzt.

Seelsorge im Grenzbereich ist nicht das Zentrum seelsorgerlicher Arbeit. Aber manchmal kann es überlebenswichtig sein, sich mit den Grenzbereichen der Seelsorge auszukennen. Dazu zwei Beispiele:

Es ist etwa 15 Jahre her, dass ich einen Anruf von einem mir nahe stehenden Christen erhielt. Er habe wieder diese schlimmen „Anfechtungen" – wie schon wiederholt zuvor in seinem Leben, sagte er mir. Ich kannte ihn gut und wusste, dass es wohl erneut diese schweren, bei ihm zyklisch auftretenden endogenen Depressionen waren. Nur er verstand nicht, dass es sich um Depressionen handelte. Er war noch in einer Generation aufgewachsen, in der es für viele Christen psychische Probleme einfach nicht gab. Er konnte nicht verstehen, warum er, der mit seinem ganzen Leben Gott zur Verfügung stehen wollte, der seine Firma aufgegeben hatte, um Gott noch besser dienen zu können, durch solche „Anfechtungen" gehen musste, in denen er nichts mehr von der Verbindung zu Gott spürte, nichts von Gottes Liebe spürte. Zeiten, in denen er den Eindruck hatte, dass jedes Gebet an der Decke aufhört. Tage, an denen er nur seufzen konnte und die er kaum zu Ende zu bringen vermochte. Dieser Anruf Anfang 1990 war unser letztes Gespräch. Ich lud ihn dringend ein, für ein paar Tage zu mir zu kommen, damit wir über sein Problem reden könnten. Er willigte ein. Am Tag bevor er anreisen wollte, erhielt ich wieder einen Anruf: „Er hat sich das Leben genommen", sagte eine verzweifelte Stimme. Die angebotene Hilfe kam zu spät. In dem für eine endogene Depression so typischen Morgentief war dieser Christ, der gegen den Sog zum Tode mit verzweifelten Gebeten angekämpft hatte, seiner seelischen Krankheit erlegen. Keine Gelegenheit mehr, ihm zu erklären, was eine Depression ist. Keine Gelegenheit, ihn auf Medikamente hinzuweisen, die seine Seele im Kampf gegen den Todessog hätten unterstützen können. Keine Gelegenheit mehr für seelsorgerliche Begleitung durch entlastenden Beistand, gemeinsame Klage vor Gott und tröstende Fürbitte. Damals habe ich mir vorgenommen: Ich möchte durch meinen seelsorgerlichen Dienst sowie meine Tätigkeit als Dozent für Seelsorge dazu beitragen, dass sich hoffentlich einige depressive Menschen – auch Christen – weniger das Leben nehmen.

Ein anderes Beispiel: Vor einiger Zeit lief mir ein alter Bekannter über den Weg. Vor Jahren hatten wir eine Serie von Gesprächen. Auch hier ging es um eine schwere Depression. Er hatte im Lauf der Gespräche besser verstehen gelernt, was da in ihm vorgeht und wie es sich auswirkt. Auch seine Frau hatte in Gesprächen verstehen gelernt, warum ihr Mann seit Monaten so ist, wie er augenblicklich ist. Immer wieder hatte ich ihn am Ende unserer Unterredungen gefragt: „Gibt es Gedanken an Selbstmord?" Irgendwann war es so weit, dass er von einem kaum mehr zu widerstehenden Sog zum Suizid und sehr konkreten Vorstellungen, wie er sich das Leben nehmen könnte, sprach. Ich nahm ihm das Versprechen ab, wenn es unwiderstehlich würde, mich anzurufen oder es seiner Frau zu sagen. An einem der Vormittage, an dem er – was er gerade nicht sollte! – in tiefer Depression morgens in seinem Bett in den Tag hinein döste, nahm er ein Röllchen Schlaftabletten. Dann erinnerte er sich an sein Versprechen und sagte mit letzter Kraft seiner Frau, was er getan hatte. Es war seine Rettung. Bereits bewusstlos wurde er ins Krankenhaus gebracht, doch er überlebte. Mit psychiatrischer Hilfe und seelsorgerlicher Begleitung durchschritt er das tiefe Tal der Depression. Aber er schaffte es. Jetzt, Jahre später, stand er wieder vor mir. „Gott sei Dank, dass wir damals miteinander gesprochen haben“, sagte er. Ja, hier stand ein Überlebender vor mir. Und ich wusste, es könnte noch viele Überlebende geben, wenn mehr Christen wüssten, was eine seelische Krankheit ist, und erfahren würden, dass Helfer, die sich mit den Problemen auskennen, Lasten tragen, Symptome lindern und, wenn möglich, Ursachen heilen würden. Solche Helfer könnten kompetente Seelsorger – aber gerade bei schweren seelischen Leiden eben auch psychologisch ausgebildete Therapeuten bzw. psychiatrisch spezialisierte Ärzte sein.

Im Sinne dieser Beispiele möchte ich nun diese vier Bereiche Seelsorge, Psychologie, Psychotherapie und Psychiatrie aufeinander beziehen.

2 Seelsorge – was verstehen wir darunter?

Was verstehen wir unter Seelsorge? In Gießen hat vor einigen Jahren ein Kongress stattgefunden, der von einer christlichen Gruppe veranstaltet wurde. Er trug den unglücklichen Titel „Wider die Psychohäresie in der Seelsorge“! (Der Begriff Häresie meint Irrlehre – also: „Wider die Psycho-Irrlehre in der Seelsorge“). Die Veranstalter sahen ihre Aufgabe darin, möglichst vielen Leuten kundzutun, dass jeder, der sich als Seelsorger Einsichten aus Psychologie, Psychotherapie oder Psychiatrie zu Eigen macht, einer Irrlehre verfallen ist. Ich habe mich für meine Mitchristen geschämt vor unserer Stadt, die diesen Titel tagelang an der Kongresshalle lesen konnte. Aber was hat die Veranstalter dazu bewegt, diesen Titel zu wählen? Vermutlich hatten sie schlechte Erfahrungen mit der Einbeziehung von Psychologie in die Seelsorge gemacht; sahen in der Psychotherapie einen gefährlichen Seelsorgeersatz. Seelsorge durfte für sie nur mit der Bibel in der Hand geschehen mit dem einen Ziel, Sünde im Leben des Menschen aufzudecken und dem Sünder durch das Evangelium Heil und Heiligung zu vermitteln. Und natürlich, wenn man Seelsorge so eng definiert, dass es dabei nur um das

Heil bzw. Heiligung kann nicht durch Psychologie, Psychotherapie oder Psychiatrie bewirkt werden.

Heil des Sünders und um Heiligung geht, kann ich gut nachvollziehen, dass man sich als Weg zu diesem (!) Ziel zu Recht keine Psycho-Methoden vorstellen kann! Heil bzw. Heiligung kann nicht durch Psychologie, Psychotherapie oder Psychiatrie bewirkt werden. Nur, wer sagt denn, dass Seelsorge ausschließlich ein geistliches Handeln ist, das auf das Heil im Leben des Einzelnen zielt?

Derjenige, der das so ähnlich (aber längst nicht so einseitig, wie die genannten Vertreter der „Psycho-Häresie-Theorie") gesagt hat, war der Baseler Theologieprofessor und Gefährte Karl Barths, Eduard Thurneysen. Für ihn war Seelsorge im Kern die individuelle „Ausrichtung der Vergebung der Sünden in Jesus Christus" an den Einzelnen, dem das Wort Gottes in einer Art Kampfgespräch „auf den Kopf zu" gesagt und er dadurch zur Beichte bewegt werden sollte.[26] (Dass für Thurneysen Psychologie und Psychotherapie – in ihrem spezifischen Zuständigkeitsbereich – durchaus auch für die Seelsorge, wenn auch am Rande, als hilfreich galten, unterscheidet den Baseler Professor von seinen kämpferischen Nachahmern). Nun gehören Beichtgespräch und evangelistisches Zeugnis da, wo sie angebracht sind, sicher zu den Sternstunden der Seelsorge. Aber ein auf Heilsfragen reduziertes Seelsorgeverständnis müsste doch als unnötige Engführung gelten. Das Neue Testament jedenfalls legt uns auf einen solchen Seelsorgebegriff nicht fest.

Andererseits hat es seither mancherorts eine Psychologiebegeisterung gegeben, die unter dem Etikett der „Seelsorge" nur noch Psychotherapie im kirchlichen Kontext betrieb. So kam es in den 60er Jahren zur so genannten „empirischen Wende" in der kirchlichen Seelsorgeausbildung. Unter dem Namen „Seelsorgebewegung" wurde der Pastoralpsychologie die Alleinzuständigkeit im Seelsorgebereich erkämpft. Die klassische christliche Seelsorge mit ihren wesentlichen Mitteln Schriftlesung, Zuspruch, Trost, Klage, Lehre, Ermahnung, Fürbitte, Segen,

---

[26] Eduard Thurneysen, *Die Lehre von der Seelsorge*, 5. Aufl., Zürich: TVZ, 1980 [1. Aufl. 1946], §§ 1.3.7; zur vorsichtigen Einbeziehung von Psychologie und Psychotherapie s. aber auch §§ 10 und 11.

usw., geriet weitgehend aus dem Blick. An ihre Stelle traten gesprächstherapeutische, verhaltenstherapeutische, logotherapeutische, tiefenpsychologische, gruppendynamische usw. Techniken und Experimente. „Seelsorge" heißt dann, den Menschen verständnisvoll und einfühlsam zuzuhören und ihnen mit einem humanistisch geprägten psychologischen Wissen zu helfen. Nicht, dass diese Elemente an ihrem Platz nicht wertvoll und hilfreich sein könnten! Sehr wohl haben sie – je nach Symptom und Situation – ihr Recht, wenn es um psychische Problemstellungen geht. Wenn aber ein Psychomarkt entsteht, der, ideologisch gefärbt, eine allumfassende Zuständigkeit auch in geistlichen Dingen beansprucht, Glaubensangelegenheiten nur noch psychologisch erklärt und geistliche Ziele mit psychotherapeutischen Mitteln zu erreichen verspricht, ist Alarm um die Seelsorge angesagt. Auf solchem Hintergrund ist dann auch erklärlich, warum besorgte Christen, die ein eingegrenztes Seelsorgeverständnis haben, das sich nur auf das Heil und die Heiligung des Menschen bezieht, über das Ziel hinausschießen und alarmiert das Integrieren jeglicher psychologischer Methoden als gefährliche Irrlehre bezeichnen. Andererseits ist die völlige Psychologisierung der Seelsorge eine ebenso extrem einseitige Engführung. Denn weder sind alle Probleme der Menschen psychischer Natur, noch werden geistliche Ziele durch psychotherapeutische Mittel erreicht.

Angesichts solcher einseitiger und begrenzter Seelsorgebegriffe fragt sich, was denn eigentlich unter „Seelsorge" verstanden werden soll. Gibt uns etwa die Bibel ein bestimmtes Seelsorgeverständnis vor? Nennt uns die Schrift bestimmte Maßstäbe dafür, was als Seelsorge gelten kann und was nicht? Schaut man unvoreingenommen in die Bibel, fällt allerdings auf, dass „Seelsorge" gar kein biblischer Begriff ist. Das Wort Seelsorge kommt in der Heiligen Schrift nicht vor. Was alles als „Seelsorge" bezeichnet werden soll, begründet sich also nicht unmittelbar aus der Bibel.

Die Bibel hat keinen feststehenden, klar abgegrenzten, Seelsorgebegriff. Deshalb sollten wir auch keinen engen, sich abgrenzenden Begriff, aufbauen.

Begriff und Konzept von „Seelsorge“ sind vielmehr (kirchen-)geschichtlich bedingt. „Seelsorge“ bezeichnete in der pastoralen Tradition der Kirche seit früher Zeit die Sorge des Priesters oder Pastors um die Seelen seiner Gemeinde. *Cura animarum* nannte man dies: die Sorge um die Seelen. Diese umfassende pastorale Zuwendung verengte sich sehr viel später auf den Begriff der „Seelsorge“ als Beicht-, Beratungs- und Trostgespräch.

Es gibt den Begriff Seelsorge also nicht direkt in der Bibel.[27] Und doch findet sich eine große Zahl von Begriffen im Neuen Testament, die wir mit unserer traditionellen Vorstellung von seelsorgerlichem Handeln verbinden würden. Begriffe wie: trösten, ermahnen, den Sinn zurechtrücken, belehren, ermutigen, einander beistehen, mitleiden, segnen oder die Last des anderen tragen (1Thess 5,12b.14; Kol 3,16a; Gal 6,1–2; Röm 12,13–15; u. a.). Dabei gibt es keinen Kanon, der uns zwingt, seelsorgerliches Handeln ausschließlich auf die eben genannten Tätigkeiten zu beschränken. Vielmehr benennen diese Begriffe nur eine Auswahl der enormen Vielfalt unterschiedlicher Möglichkeiten, wie man die Liebe Christi weitergeben und dem Anderen in seiner vielfältigen Bedürftigkeit dienen kann. Dabei haben die genannten Handlungsweisen ganz unterschiedliche Bezugshorizonte: Es kann um die Sündigkeit des Menschen gehen, angesichts derer er ermahnt und auf das Evangelium hingewiesen werden muss; aber auch um die Sorgen, die Trauer, die Ratlosigkeit, die Krankheitsnöte und die Vergänglichkeit des Menschen, die ihn bedrücken und angesichts derer er Beistand, konkrete Hilfe und weisen Rat braucht.

Wenn die Bibel keinen feststehenden, klar abgegrenzten Seelsorgebegriff besitzt, sollten auch wir keinen zu engen Seelsorgebegriff aufbauen, von dem aus dann unnötige Abgrenzungen gegen Mitchristen vorgenommen werden, die z. B. aus der

[27] Vgl. dazu auch Roland Gebauer, *Paulus als Seelsorger: Ein exegetischer Beitrag zur Praktischen Theologie*, Stuttgart: Calwer, 1997, S. 5–68, der zunächst ausführlich begründen muss, nach welchen Sachverhalten er im Neuen Testament eigentlich sucht, nachdem es dort den Begriff ‚Seelsorge‘ nicht gibt.

Liebe Christi heraus etwas durchaus Ehrenwertes im Sinne diakonisch-weisheitlicher Zuwendung tun, was nur den einzigen Makel hat, dass es nicht unter den Hut eines auf Heil und Heiligung reduzierten Seelsorgeverständnisses passt.

Aus diesem Grund möchte ich mich für einen weiten Seelsorgebegriff aussprechen. Innerhalb dieses weiten Seelsorgebegriffes gibt es in der Tat einen Bereich, in dem seelsorgerliches Handeln tatsächlich ausschließlich mit der Bibel in der Hand geschieht. Das ist der Bereich, in dem es um Fragen des Heils und der Heiligung geht. Hier kommt alles darauf an, dass Reden und Handeln biblisch fundiert sind und Gesetz und Evangelium vermittelt und geglaubt werden. Wer menschliche Sündenprobleme mit psychologischen Mitteln lösen will, verfällt in die alte Werkgerechtigkeit, die noch zu keiner Zeit in der Kirchengeschichte irgendjemandem weitergeholfen hat. Aber neben diesem Bereich seelsorgerlichen Handelns gibt es ebenso das diakonische Handeln und Raten, das praktische Kümmern um den anderen (1Tim 5,23; Jak 1,27; 2,15–17). Warum sollte das nicht auch als seelsorgerliches Handeln im Sinne diakonischer Seelsorge gelten? Weiter bietet das Sprüchebuch des Alten Testaments beeindruckende Beispiele für weisheitliche Seelsorge, wenn es Empfehlungen dafür gibt, wie man – motiviert von der Ehrfrucht vor Gott – mit Arbeit, Erziehung oder irdischem Besitzt umgeht und sich in unterschiedlichen Lebenssituationen bewährt (Spr 1,7; 3,8; 6,6f; 10,4f; 17,28; 22,6; u. a.). In diesem Sinne diakonisch-weisheitlichen Handelns kann es auch zur Seelsorge gehören, Menschen zur Seite zu stehen, die physische oder eben psychische Probleme haben. Auch da gilt das Motto: Einer trage des anderen Last.

Bei einem weiten Seelsorgebegriff kommt es nun aber darauf an, unterscheiden zu können, wann welches seelsorgerliche Handeln angebracht ist. Es wäre wenig angebracht, mit einem Menschen, der Hilfe braucht, um zum Glauben an Jesus Christus zu kommen, ein gesprächstherapeutisch auf das „Verbalisieren emotionaler Erlebnisinhalte“

Wichtig ist, bei einem weiten Seelsorgebegriff, zu wissen, wann welches seelsorgerliche Handeln angebracht ist.

ausgerichtetes Gespräch zu führen, statt mit ihm über das Evangelium zu reden. Auf der anderen Seite wäre es auch nicht angebracht, mit einem Christen Lehraussagen der Bibel zu erörtern, der gerade erfahren hat, dass er unheilbar an Krebs erkrankt ist und völlig unter Schock steht. Natürlich kann die Auseinandersetzung mit biblischen Erkenntnisfragen, bis zur Ermahnung angesichts falscher Erkenntnisse, Teil eines seelsorgerlichen Gespräches sein – aber nicht zu jeder Zeit und bei jedem. Es ist entscheidend wichtig und eine große Herausforderung für die Seelsorge, zu erkennen, wann welche Form seelsorgerlichen Handelns angebracht ist.

Bei dem im Seelsorgenetz des Missionshauses Bibelschule Wiedenest vertretenen 3-Ebenen-Modell der Seelsorge gibt es als erste Ebene den Begriff der Basisseelsorge, als zweite Ebene die strukturierte Seelsorge und als dritte die begleitende Seelsorge in schweren Krisen, in der Menschen auch medizinische oder psychologische Hilfe benötigen. Nach diesem Modell geht es in meinen beiden Beiträgen dieses Sammelbandes, um die zweite und die dritte Ebene. Wichtig ist bei diesem Modell, dass die drei Ebenen keine Hierarchie beinhalten, in der die Basisseelsorge ganz unten steht. Keine der Ebenen ist wertvoller als die anderen Ebenen. Sie ergänzen sich. Und so ergänzen sich auch Christen im Sinne des allgemeinen Priestertums entsprechend ihrer Gaben innerhalb dieser drei seelsorgerlichen Ebenen.

Ich finde es sehr wichtig, dass man auch bei dem Wunsch, strukturierte Seelsorge zu erlernen und zu üben, nicht gleich an ein psychologisch-seelsorgerliches Handeln denkt und an psychotherapeutische Methoden, die für die Seelsorge fruchtbar gemacht werden. Strukturierte Seelsorge kann auch im geistlichen Bereich stattfinden. Diesen Bereich der strukturierten Seelsorge möchte ich zuerst ansprechen. Was verstehen wir dabei unter Strukturierung?

3 Strukturieren im seelsorgerlichen Prozess

Hier kann zunächst eine Strukturierung entlang der Begriffe **„gesuchte Seelsorge“** und **„nachgehende Seelsorge“** getroffen werden. Es ist wichtig die jeweilige Situation richtig zu erfassen, ob nämlich ein Mensch zu mir kommt, weil er Seelsorge sucht, oder umgekehrt, ob sich ein Mensch in einer schwierigen Situation befindet und ich ihm seelsorgerlich nachgehen sollte. Und auch im Zusammenhang mit dem seelsorgerlichen Gespräch selbst sind Strukturierungen nötig. So kann es etwa bei gesuchter Seelsorge wichtig sein zu entscheiden, wann und wo ein solches seelsorgerliches Gespräch in guter Weise geführt werden kann. Nicht immer, wenn ein Mensch um Seelsorge nachsucht, ist auch der richtige Zeitpunkt oder der richtige Ort dafür gegeben. Da kommt z. B. nach dem Gottesdienst jemand auf dich zu. Er sucht Seelsorge. Er sagt: „Also langsam wachsen mir meine Sorgen über den Kopf, ich muss darüber mit dir reden.“ Und du antwortest: „Gut – dann sprich, ich höre.“ Anschließend versuchst du im Stehen in 10 Minuten, bei permanenten Störungen durch Vorbeigehende, ein seelsorgerliches Gespräch zu führen. Das kann kaum gut gehen. Besser wäre herauszufinden, ob vielleicht eine viertel Stunde später ein ruhiges Gespräch in einem Nebenraum für beide Beteiligte passender wäre oder ob es gar richtiger wäre, sich für einen der nächsten Tage zu vereinbaren. Spontan „allezeit bereit“ zu sein, erweist sich manchmal eher als Seelsorgefehler. Es ist doch gar nicht so schwer zu sagen: „Du, das ist so wichtig, lass’ uns einen ruhigen Raum suchen, da nehmen wir uns jetzt eine Stunde Zeit und reden in Ruhe über dein Anliegen.“ Oder man klärt, ob das Gespräch sofort geführt werden muss oder es möglich ist, einen Termin für die nächste Woche auszumachen, auf den man sich angemessen vorbereiten kann. Und bei diesem Treffen gilt es dann auch dafür zu sorgen, dass man ungestört reden kann, das Telefon nicht klingelt und das Handy aus ist. Solch eine Strukturierung hinsichtlich Zeit und Ort kann entscheidend wichtig sein, damit man nicht ausgerechnet dann unterbrochen wird, wenn ein Mensch nach Monaten des Schweigens anfängt, sich in der Seelsorge zu öffnen und sehr persönliche Nöte anzusprechen. Es kann sein, dass eine Person, die gerade dabei war, etwas schwer Belastendes aus ihrem persönlichen Leben von sich preiszugeben, dazu nie wieder den Mut findet, wenn sie genau in diesem Moment die Erfahrung macht, dass für den Seelsorger eine zufällige Ablenkung gerade wichtiger zu sein scheint.

Ebenso kann eine Strukturierung hinsichtlich Raum und Sitzordnung wichtig sein. Wie setze ich mich hin? Natürlich kann ich mich hinter meinen Schreibtisch setzen und verweise den Ratsuchenden auf einen Stuhl mir gegenüber, wo er dann wie auf einem „Armesünder-Bänkchen" Platz zu nehmen hat. Die Barriere, die ich damit aufgebaut habe, ist nahezu unüberwindbar. Ähnlich fatal wäre es, wenn ich eine Person in Richtung auf das Fenster hin sitzen lasse – und ich sitze, die Sonne im Rücken, davor. Der andere muss in die Sonne blinzeln und erkennt im Gegenlicht meine Gesichtszüge kaum mehr. Dabei ist wichtig, dass der Ratsuchende mein Gesicht gut erkennen kann und ich sein Gesicht. Denn Menschen in Not, gerade verletzte Menschen, beobachten sehr genau, wie ich als Seelsorger reagiere. Und gerade am Gesicht, besonders an der Partie um die Augen, kann man auch kleinste Gefühlsregungen erkennen. Nimmt mein Gegenüber (ganz unreflektiert) wahr, dass das, was ich sage, und das, was er sieht, übereinstimmt, wird dies dazu beitragen, dass Vertrauen entsteht. Ebenso ist bei der Sitzordnung auf die Entfernung der Stühle zu achten. Man sollte nicht zu dicht beieinander sitzen. Denn gerade wenn Menschen sich schwer tun, etwas zu sagen, hilft ihnen eine gewisse räumliche Distanz zum Gesprächspartner, sich zu öffnen. Es gibt Untersuchungsergebnisse aus der psychologischen Forschung, die zeigen, dass jeder Mensch normaler Weise eine Privatsphäre von etwa 80 cm bis zu einem Meter Abstand um sich hat. Jeder, der näher an einen Menschen herankommt, wird in ihm ein Gefühl des Unbehagens oder gar der Bedrängung auslösen – ausgenommen es sind

Menschen in Not, gerade verletzte Menschen, beobachten sehr genau, wie ich als Seelsorger reagiere.

die eigenen Kinder, der Ehepartner oder andere gute Bekannte (oder eben der Friseur oder auch ein Arzt, die aber Dienstkleidung tragen und so als Nicht-Person wahrgenommen werden). Nun habe ich als Seelsorger aber natürlich keinen Kittel oder Uniform an; und so empfiehlt es sich, auf eine angemessene Sitzordnung zu achten. Dies sind einige wichtige Strukturierungselemente im Bereich der gesuchten Seelsorge, deren Beachtung nur hilfreich sein kann.

Ähnlich gilt es in der nachgehenden Seelsorge gewisse Dinge zu beachten. Nachgehende Seelsorge ist, wenn ich mich selbst aufmache und mit jemandem ein seelsorgerliches Gespräch suche. Dies sind manchmal die besonders schwierigen Seelsorgegespräche. In der gesuchten Seelsorge möchte jemand etwas ansprechen, etwas klären; und das ist oft schon ein ganz wichtiger Schritt Richtung Hilfe. In der nachgehenden Seelsorge ist aber oft eine ganz andere Situation gegeben. Vielleicht geht es um einen Menschen, der dringend angesprochen werden müsste, der Korrektur, Ermahnung oder auch Ermutigung braucht, aber das von sich aus weder merkt noch wünscht. Vielleicht gefällt ihm der ungute, eventuell falsche Weg, auf dem er sich gerade befindet. Er wird es möglicherweise als unangenehm empfinden, wenn du kommst und die Dinge ansprichst – aber es kann notwendig und wichtig sein. Auch nachgehende Seelsorge kennt hilfreiche Strukturierungen. Eine Struktur gibt uns Jesus in Mt 18. Diese Stelle spricht den Fall an, dass jemand in Sünde lebt. Im Fall der Unbußfertigkeit soll man erst alleine ein persönliches Gespräch führen, dann mit einem Zeugen und schließlich, wenn es zu keiner Änderung kommt, die Angelegenheit vor die Gemeinde bringen. Nachgehende Seelsorge wird unterschiedlich aussehen, je nachdem, ob der andere bußfertig ist oder nicht, ob es tatsächlich um Sünde geht oder dies unsicher ist. Wir müssen unser Handeln auf die tatsächliche Situation einstellen. Bei nachgehender Seelsorge kann es auch hilfreich sein, nach Bedürftigkeit zu strukturieren. Man

Auch nachgehende Seelsorge muss in einer Gemeinde strukturiert werden, damit einsame und alte Menschen nicht übersehen werden.

geht als Seelsorger die Mitgliederliste seiner Gemeinde durch und überlegt, wer einen Besuch braucht, wer die einsamen Menschen sind oder auch diejenigen, die aus Alters- oder Gesundheitsgründen nicht mehr am Gemeindeleben teilnehmen können. Oder man plant, nach und nach alle Mitarbeiter zu besuchen. Sie investieren oft ehrenamtlich neben ihrem auch so schon ausgefüllten Tag noch sehr viel in die Gemeinde, ohne dass es ihnen jemand dankt oder sich dafür interessiert, wie es ihnen geht. Oft werden Mitarbeiter müde und überfordern sich selbst. Da kann nachgehende Seelsorge wichtig sein. Strukturierung hilft in diesem Fall, Mitarbeiter systematisch zu begleiten und sich um sie zu kümmern. Man kann seelsorgerlich gesonnenen Leitern eigentlich nur raten: „Machen Sie es sich zur Pflicht, regelmäßig das Gespräch mit den Mitarbeitern zu suchen; das ermutigt und nimmt Lasten ab."

Wer als Seelsorger den Besuchsdienst nicht strukturiert plant, steht in der Gefahr, sich immer nur um diejenigen zu kümmern, die am lautesten schreien. Manche Personen hängen wie Kletten an ihren Seelsorgern und beanspruchen Dauerbeachtung. Nach jedem Gottesdienst möchten sie endlose Seelsorgegespräche führen. Für andere bleibt dann keine Zeit. Da gibt es Gemeindemitglieder, denen das Wasser bis zum Hals steht, aber sie halten sich selbst nicht für so wichtig und trauen sich nicht, jemanden anzusprechen. Sie wollen niemanden belasten mit ihren Angelegenheiten – und brauchten doch dringend seelsorgerlichen Kontakt. Wenn wir hier nicht eine nachgehende Seelsorge praktizieren und strukturiert planen, wird mancher erst in tiefe Krisen geraten, bis sein Umfeld (und vielleicht er selbst) begreifen, dass er Hilfe braucht.

4 Problemidentifikation und Problembehandlung

Nun stellt sich die Frage, bei welchen Problemgebieten Seelsorge überhaupt hilfreich sein kann. Es gibt eine Vielzahl von Problemgebieten, die seelsorgerliches Handeln nahe legen: Seelsorge angesichts menschlicher Verlorenheit; Seelsorge angesichts menschlicher Ratlosigkeit; Seelsorge angesichts menschlichen Irrens bis hin zur Irrlehre; Seelsorge angesichts menschlicher Schwachheit und Krankheit; Seelsorge angesichts menschlicher Verlusterfahrungen; Seelsorge angesichts psychischer Probleme; Seelsorge angesichts menschlicher Sünde (usw.). Auf den zuletzt genannten Punkt werde ich nun näher eingehen. Auch hier gibt es Strukturierungsmöglichkeiten. Denn gerade der Bereich der Sündenproblematik ist ein enorm vielfältiger und schwieriger Bereich. Als hilfreich erweist sich hier ein Blick auf Gal 5,19–21. In diesem bekannten Lasterkatalog werden die so genannten „Werke des Fleisches" aufgeführt. Der Sündenkatalog lässt sich in vier Gruppen aufteilen. Problemgebiet Nr. 1 hat mit fehlgeleiteter Sexualität („Unzucht, Ausschweifung") zu tun. Allein schon dieses Gebiet nimmt einen enorm großen Raum in der Seelsorge ein. Problemgebiet Nr. 2 ist der Okkultismus („Zauberei, Abgötterei"). Problemgebiet Nr. 3 sind die nicht gelingenden zwischenmenschlichen Beziehungen („Feindschaft, Hader, Eifersucht, Zorn, Zank, Zwietracht, Spaltungen, Neid"). Problemgebiet Nr. 4 würde ich mit dem Begriff Missbrauch guter Gaben Gottes umschreiben („Fressen und Saufen"). Hier sollten wir nicht nur an Alkoholismus oder Bulimie denken, sondern Missbrauch von Schöpfungsgaben kann man auch unter „Workaholics", übermäßigen Schlemmern, aber auch bei solchen finden, die vom Geiz gepackt sind. Sowohl in der gesuchten als auch in der nachgehenden Seelsorge gilt es, Problemgebiete zu strukturieren.

Ist ein Problemgebiet als solches identifiziert, geht es an die Problemlösung. Dafür hat sich eine Dreischrittmethode bewährt, die man im Prinzip auf alle praktisch-theologischen Probleme anwenden kann[28]:

[28] Die Drei-Schritt-Methode findet sich grundsätzlich ausgeführt in Helge Stadelmann, „Gegenstand und Methode der Praktischen Theologie: Thesen aus evangelikaler Sicht", *Jahrbuch für evangelikale Theologie*, 15/2001, S. 69–79.

4.1 Genau hinschauen

Der erste Schritt beinhaltet das genaue Hinschauen: Was liegt wirklich vor? Es ist fatal, wenn man auf Fragen Antworten gibt, die sich gar nicht stellen. Ein typischer Anfängerfehler ist, wenn der Seelsorger den Ratsuchenden nach fünf Minuten Gespräch unterbricht und sagt: „Ja, ich kenne Ihr Problem, ich habe das selbst schon einmal so erlebt." Und dann wird aus dem eigenen oder aus dem Leben einer anderen Person erzählt – ganz so, als hätte man wirklich schon bis auf den Grund verstanden, was den anderen bewegt; und als wäre für den anderen angesichts seines eigenen, unverwechselbaren Schicksals wichtig, dass noch x andere Leute etwas mehr oder weniger Ähnliches erlebt haben. Ein guter Seelsorger beißt sich auf die Zunge, wenn er merkt, dass sich entsprechende Gedanken bei ihm einstellen. Er fängt nicht an, kaum dass er das Thema gehört hat, das den anderen bewegt, dessen Not mit dem Leben eines anderen Menschen zu vergleichen. Warum nicht? Weil jeder völlig anders ist, nicht nur im Blick auf seinen Fingerabdruck. Das gilt auch für unsere Persönlichkeit und unsere Nöte und Probleme. So ähnlich manche Situation im Vergleich zu ähnlichen Erfahrungen auch aussehen mag, sie ist es nicht. Was an der Oberfläche identisch aussehen mag, ist doch wieder ganz anders, wenn man merkt, was an Erlebnissen und Gefühlen dahinter steckt. Ganz wichtig ist auch, dass der Ratsuchende nicht den Eindruck bekommt, er sei nur ein weiterer Fall für den Seelsorger, der in eine Schublade eingeordnet wird. Es ist deshalb zentral wichtig, die Frage: „Was liegt vor?" gewissenhaft anzugehen, genau hinzuschauen und den unverwechselbaren Einzelfall als solchen so klar wie irgend möglich wahrzunehmen. Dazu gilt es, genau hinzuhören, genau hinzusehen – zu sehen, wie sich das Gesicht des Ratsuchenden während des Erzählens verändert, was sich in seiner Körperhaltung ausdrückt, welche Gefühlsregungen sich zeigen

Im Gespräch darf man nicht von sich auf den Ratsuchenden schließen und eigene Erfahrungen übertragen.

und wie all das im Einzelnen mit den Inhalten zusammen spielt, die genannt werden.

Zum genauen Hinschauen gehört auch, dass man sich als Seelsorger hinsichtlich des jeweiligen Problemgebiets möglichst sachkundig macht. Dazu können auch psychologische Erkenntnisse beitragen. Nehmen wir an, es geht um ein Problem auf dem Gebiet der Sexualität. Dann könnte es hilfreich sein, sich hier möglichst etwas auszukennen. Wie „funktioniert“ Sexualität und wie kommt sie zustande?[29] Ich meine hier nicht die banale Sicht, dass es sich dabei um ein Reiz-Reaktions-Schema handelt, wie man es bei instinktgeleiteten Lebewesen beobachten kann. Natürlich gibt es Signalreize für menschliche Sexualität. Und wenn solch ein Signalreiz im Gehirn ankommt, werden über das Rückenmark Impulse ausgelöst, in deren Folge über mehrere Schritte hin Hormone ausgeschüttet werden. Aber was passiert dann? Bei uns Menschen verhält es sich so, dass es, bevor es zu einer sexuellen Aktivität kommt, erst zu einer Art Freigabe der entsprechenden Handlung kommen muss. Wir haben die Möglichkeit, uns mit unserem Gehirn für die Ausführung oder gegen die Ausführung einer Handlung zu entscheiden, die durch einen sexuellen Reiz ausgelöst wurde. Nun kommt aber jemand zu dir in die Seelsorge und sagt: „Ich konnte nicht anders, ich habe plötzlich meinen Traumpartner gesehen, und es ging nicht anders an diesem Abend: es musste einfach passieren!“ Nein, es musste nicht einfach passieren. Der Mensch ist so geschaffen, dass er über seinen sexuellen Trieb nachdenken kann, er kann sich für oder gegen das Ausleben entscheiden – wenn es ihm vielleicht auch sehr schwer fällt. Als das wesentlichste Sexualorgan des Menschen erweist sich das Gehirn. Sicher, manche haben das vergessen oder wollen es bewusst vergessen. Für den Seelsorger

Das wesentlichste Sexualorgan des Menschen ist sein Gehirn.

[29] Vgl. hierzu den guten Überblick bei Siegried Großmann, *Lebendige Liebe: Sexualität und Ehe als Gabe Gottes*, Wuppertal/Kassel: Oncken, 1993, S. 37–40.

aber, der mit Menschen und den Irrungen ihrer Sexualität zu tun hat, ist solches Wissen über die menschliche Sexualität wichtig. Wer unter Hinweis auf die menschliche Natur im seelsorglichen Gespräch vertritt, auch Christen hätten manchmal keine andere Wahl, als einen Ehebruch zu begehen, muss schon auf der reinen Sachebene korrigiert werden. Auch Gott wird dem Sünder einmal nicht sagen: „Du konntest nicht anders, du armes instinktgeleitetes Wesen“, sondern er wird ihn zur Verantwortung ziehen. Er hat uns nämlich so geschaffen, dass wir Verantwortung übernehmen können. Fachkenntnisse sind hilfreich – nicht nur im Bereich der Sexualität – wenn es im Gespräch darum geht, die Situation möglichst genau wahrzunehmen, um zu erkennen, was das Problem wirklich ist.

4.2 Beurteilen anhand der Heiligen Schrift

Der zweite Schritt besteht in der Frage: Was sagt die Bibel dazu? Ich muss also das, was ich im Seelsorgegespräch höre und wahrnehme, ins Licht der Bibel stellen. Gibt es etwas in der Bibel, was direkt zu diesem Thema spricht oder was im Zusammenhang mit diesem Thema steht? Auf diesen Schritt kann der Seelsorger nicht verzichten; sonst fehlt ihm der Maßstab zum Urteilen. Manch einer hat hunderte von Stunden Seelsorgeausbildung absolviert; er hat unterschiedlichste psychotherapeutische Methoden kennen gelernt; aber in der Bibel kennt er sich kaum aus und kann deshalb die in der Seelsorge begegnenden Themen und Nöte nicht biblisch beurteilen. Manch einer kennt die Bibel zwar, denkt in der Seelsorge aber nicht daran zu fragen: „Was sagt die Bibel dazu?“ Er denkt nur an empirische Methoden, die das Problem grundsätzlich lösen sollen. Dabei helfen diese Methoden oft doch nur, die Probleme besser zu verstehen. Die Bibel ist der primäre Maßstab, um eine Seelsorgesituation beurteilen zu können. Es mag auch sekundäre Maßstäbe geben; Kriterien, die auf der menschlichen Ebene helfen können, einen Sachverhalt zu beurteilen. Denn in die Seelsorge kommen Menschen mit einer ganz normal irdischen, leiblich-seelischen Existenz. Auch das ist aus biblischen (!) Gründen ernst zu nehmen, denn Natur und Gnade, Schöpfung und Erlösung auseinander zu reißen wäre schlechte Theologie! Und um die vielfältigen Problemstellungen auf der irdisch-geschöpflichen Ebene zutreffend beurteilen zu können, kann eben auch psychologisches und psychiatrisches Wissen sowie therapeutische Erfahrung helfen. Entscheidend wird für den Seelsorger aber immer sein, wie sich eine Sache im Licht der Heiligen Schrift darstellt. Wer diesen Maßstab nicht gelten lässt, mag sich vielleicht Seelsorger nennen, er wird aber nicht wirklich ein Seelsorger sein. Wo die Schrift zu einem Sachverhalt spricht, ist der entscheidende Maßstab gegeben – sei es, dass sie den Sachverhalt ausdrücklich thematisiert oder sich dafür biblische Prinzipien als einschlägig relevant erweisen. Andererseits gilt: Wo die Schrift nicht spricht, ist Freiheit der Beurteilung gegeben. Dies zu wissen bewahrt vor einem unfreien Biblizismus, der meint, nur das könne und dürfe es geben, was die Heilige Schrift ausdrücklich benennt.[30] Von daher wird sich der Seelsorger auch nicht deshalb gegen die Existenz psychischer Probleme sowie geeignete Wege ihrer Linderung oder Heilung aussprechen, weil die Bibel diese nicht explizit thematisiert. Sollte eine Psychotherapie aber ein Menschenbild voraussetzen, das der biblischen Anthropologie konkret widerspricht, oder sollte menschliches Verhalten biblischen

[30] In der Theologiegeschichte hat es diesen Irrtum immer wieder gegeben. So meinten unter dem Einfluss von Andreas Bodenstein von Karlstadt einige radikale Täufer in der Reformationszeit, in der Kirche dürfe es (hinsichtlich Kunst, Musik, Strukturen usw.) nur das geben, was die Schrift ausdrücklich nennt – alles andere sei verboten; vgl. Andrea Strübind, *Eifriger als Zwingli: Die frühe Täuferbewegung in der Schweiz*, Berlin: Duncker & Humblot, 2003, S. 220–223 (u. ö.). – Oder ein anderes Beispiel: So musste sich der pietistische Theologe Johann Jacob Rambach gegen orthodox-biblizistische Eiferer abgrenzen, die meinten die Bibel würde zu allen Wissenschaftsgebieten die nötigen Informationen liefern, und alle legitimen Berufe seien in der Heiligen Schrift benannt; vgl. ders., *Schrifftmäßige Erläuterung der Grundlegung der Theologie*, Franckfurt: Wolfgang Ludwig Spring, 1738, S. 614. Vielmehr gebe die Schrift dem Menschen umfassend nur über die Gegenstände Auskunft, die ihrem Heilsziel dienten.

Maßstäben widersprechen, ist es nötig, diese Punkte von der Heiligen Schrift her theologisch zu hinterfragen.

4.3 Seelsorgerlich handeln

Der dritte Schritt – nach dem intensiven Verstehen der Situation und deren Beurteilung im Licht der Bibel – ist das seelsorgerliche Handeln: ermahnen, trösten, ermutigen, begleiten, usw. In welche Richtung es bei dem dritten Schritt im Einzelfall gehen wird, was also konkret seelsorgerlich zu tun ist, hängt weitgehend von den ersten beiden Schritten ab.

Bei strukturierter Seelsorge geht es also nicht in erster Linie darum, dies oder jenes aus den drei Themengebieten Psychologie, Psychotherapie und Psychiatrie zu kennen und zu können. Es geht vielmehr um grundlegende Strukturierungsprozesse für ein professionelles geistliches Handeln, das unterschiedlichen Herausforderungen in kompetenter Weise gerecht wird.

5 Psychologie, Psychotherapie und Psychiatrie

Wir haben uns bislang mit der Frage beschäftigt, worum es bei „Seelsorge" geht. Entsprechend ist nun angebracht, sich zumindest in Grundzügen darüber zu informieren, worum es sich bei Psychologie, Psychotherapie und Psychiatrie handelt. Die folgenden Ausführungen können dazu nur einen ersten Überblick geben und erheben keinen Anspruch auf Vollständigkeit.

5.1 Psychologie

Psychologie ist eine Wissenschaft, deren Aufgabe es ist, die Psyche des Menschen insgesamt (Emotionen, Kognitionen und resultierendes Verhalten) zu erforschen und zu beschreiben – und zwar beim gesunden wie beim kranken Menschen; die Entwicklung der Psyche von der Kindheit bis ins Alter; die Gefühle, Wahrnehmungen, Reaktionen, das Lernverhalten, die Intelligenz, die Persönlichkeit, die verschiedenen psychopathologischen Phänomene; dazu die Erforschung und Praktizierung der darauf jeweils bezüglichen Untersuchungsmethoden und

Testverfahren, usw.[31] Die Psychologie hat dafür vielerlei Spezialdisziplinen entwickelt wie die Allgemeine Psychologie, Entwicklungspsychologie, Persönlichkeitspsychologie, Sozialpsychologie, Pädagogische Psychologie, Klinische Psychologie, Religionspsychologie.[32] So wie die Medizin die körperliche Seite des Menschen wissenschaftlich erforscht und daraus Verfahren für die Diagnostik, Prophylaxe und Therapie von Krankheiten ableitet, erforscht die Psychologie die seelische Seite des Menschen. Dabei überlappen sich beide Seiten immer wieder, denn die seelischen Funktionen eines Menschen sind untrennbar mit seiner Körperlichkeit (Gehirn, Nerven, Botenstoffe, Hormone, Gene, usw.) verknüpft.

Eigentlich können Christen gar nichts gegen Psychologie als solche einzuwenden haben. Sie erforscht einen Teil des geschöpflichen Wunderwerks Mensch unter den Bedingungen der realistischen Beachtung seiner Hinfälligkeit. Und weil die Seelsorge mit dem ganzen Menschen zu tun hat, kann sie auch immer wieder von der genauen Wahrnehmung menschlicher Gegebenheiten durch die Psychologie profitieren. Nur, wenn ich weiß, was beim Sehen oder beim Lernen im Gehirn passiert; wenn ich verstehe, was entwicklungspsychologisch typische Verhaltensweisen eines Teenagers sind; wenn ich die Ergebnisse des Persönlichkeitstests oder Intelligenztests eines bei mir Ratsuchenden kenne; oder wenn ich gut darüber Bescheid weiß, wie sich hormonelle Veränderungen auf das Gefühlsleben einer Person auswirken – habe ich mit diesem (im Einzelfall durchaus nützlichen) Hintergrundwissen aber noch keine Seelsorge getrieben. Psychologische Kenntnisse sind zweifellos eine brauchbare Hilfsdisziplin für den Seelsorger; die Anwendung von Psychologie ist aber noch keine Seelsorge.

[31] Vgl. Hans Spada (Hg.), *Lehrbuch der Allgemeinen Psychologie*, Bern (u. a.): Hans Huber, 2005

[32] Einen hilfreichen Überblick bietet Walter Rebell, *Psychologisches Grundwissen für Theologen: Ein Handbuch*, München: Chr. Kaiser, 1988

5.2 Psychiatrie

Nun gibt es nicht nur psychische Funktionen beim gesunden Menschen, sondern auch eine große Zahl psychischer Störungen.[33] Samuel Pfeifer hat in seinem Buch „*Die Schwachen tragen*“[34] anschaulich beschrieben, dass nur ein kleiner Prozentsatz der Menschen schwere psychische Störungen hat, die in den Zuständigkeitsbereich der Psychiatrie fallen: Wenn wir etwa eine große Gruppe von Menschen – etwa alle Schweizer oder Deutschen – als 100 Prozent nehmen, dann sind von dieser Gesamtheit nur etwa 5 % von schweren psychischen Krankheiten (Psychosen) betroffen. Diese Psychosen sind meist erblich bedingt und haben mit der Biochemie bzw. Veränderungen im Gehirn zu tun. Die betroffenen Menschen benötigen vornehmlich die Hilfe der Psychiatrie. Der Psychiater ist ein Arzt, der ein Medizinstudium absolviert hat und anschließend eine Spezialisierung zum Facharzt in der Fachrichtung Psychiatrie vorgenommen hat. Im Zuge dieser Spezialisierung lernt er die komplexen biochemischen Vorgänge im menschlichen Gehirn kennen, wie auch Gehirnveränderungen und ihre Auswirkungen auf Grund von altersbedingten Abbauprozessen oder physischen und toxischen Schädigungen. Zu diesen schweren psychischen Erkrankungen gehören die verschiedenen Formen der Schizophrenie, manisch-depressive Syndrome, schwere endogene Depressionen, wahnhafte Zustände, Altersdemenz. Bei diesen

---

[33] Die Weltgesundheitsorganisation listet in ihrem Kompendium *Internationale Klassifikation psychischer Störungen: ICD-10 Kapitel V (F). Klinisch-diagnostische Leitlinien*, hg. Weltgesundheitsorganisation, 2. Aufl., Bern (u. a.): Hans Huber, 1993, auf 369 Seiten folgende Kategorien psychischer Störungen auf: Organische, einschl. symptomatischer psychischer Störungen; Psychische und Verhaltensstörungen durch psychotrope Substanzen; Schizophrenie, schizotype und wahnhafte Störungen; Affektive Störungen; Neurotische-, Belastungs- und somatoforme Störungen; Verhaltensauffälligkeiten mit körperlichen Störungen oder Faktoren; Persönlichkeits- und Verhaltensstörungen; Intelligenzminderung; Entwicklungsstörungen; Verhaltens- und emotionale Störungen mit Beginn in der Kindheit und Jugend; Nicht näher bezeichnete psychische Störungen.

[34] Samuel Pfeifer, *Die Schwachen tragen: Moderne Psychiatrie und biblische Seelsorge*, Basel/Gießen: Brunnen, 1988, S. 19–23

schweren Erkrankungen brauchen die Betroffenen Hilfe durch Medikamente. Diese Medikamente vermögen die Krankheit in der Regel nicht wegzunehmen, aber sie helfen, das schwere Leiden besser ertragen zu können, verhindern (etwa im Fall der Schizophrenie) weitere irreversible Schübe und reduzieren die Symptome bzw. lassen sie abklingen (etwa wahnhafte Vorstellungen wie Halluzinationen, Verfolgungs- oder Größenwahn, usw.). Als es früher diese medikamentöse Hilfe noch nicht gab, sind Menschen mit psychotischen Leiden ohne wirksame Hilfe immer tiefer in den Strudel ihrer Krankheit abgestürzt, wurden in Psychiatrien oft nur verwahrt und vor sich selbst geschützt und fristeten vielfach ein menschenunwürdiges Leben. Hier haben moderne Psychopharmaka wesentliche Hilfe gebracht. Viele psychotisch erkrankte Menschen können heute dank der Hilfe der psychiatrischen Wissenschaft und einer guten medikamentösen Einstellung, die der Psychiater vorzunehmen weiß, ihren Alltag und nicht selten ein normales Berufsleben durchaus bewältigen, und die Medizin stoppt das Fortschreiten der Krankheit.

Bei schweren psychischen Problemen brauchen Betroffene fast immer Medikamente.

Unter den etwa 5 % der Menschen, die psychiatrische Hilfe brauchen, sind Christen wie Nichtchristen. Die prozentuale Verbreitung der einzelnen Psychosen ist auf allen Kontinenten und in allen Kulturen etwa gleich – was auf den hohen Anteil von Erbfaktoren für die jeweiligen Erkrankungen hinweist. Und doch ist lange nicht gesagt, dass bei jedem, der eine entsprechende Erbanlage hat und in dessen Familiengeschichte eine psychotische Erkrankung schon einmal aufgetreten ist, auch tatsächlich selbst erkranken muss. Erbanlagen sind lediglich ein Faktor. Dazu kommen Faktoren wie Kindheitserlebnisse und seelische Verletzungen. Zusammen ergeben diese Faktoren eine bestimmte Verletzlichkeit (*Vulnerabilität*) des Menschen. Wenn diese *Vulnerabilität* insgesamt hoch ist, bedarf es oft nur einer besonderen Stresssituation – d. h. einer Situation, die das Fass zum überlaufen bringt – um eine Psychose auszulösen. Einmal ausgelöst, läuft diese wie ein Programm ab, dem gegenüber der

Mensch völlig hilflos ist und sich in seinen Empfindungen und Handlungen selbst nicht wieder erkennt. Er braucht, um Schlimmeres zu verhindern, einen Facharzt und die richtige Medikamenteneinstellung, vielleicht auch die vorübergehende Unterbringung in einer psychiatrischen Klinik. Darum also geht es bei der Psychiatrie als medizinische Disziplin.

Bei schweren psychiatrischen Erkrankungen kann Psychotherapie (die in der Regel mit dem Mittel des Gesprächs und gewisser Verhaltensübungen arbeitet) wenig helfen. Sie kann erst dann hilfreich werden, wenn die psychotischen Symptome abklingen und dann durch Gespräche seelische Verletzungen aufgearbeitet werden, die zur *Vulnerabilität* des Leidenden beigetragen haben. Seelsorge kann dagegen auch in bzw. trotz einer psychiatrischen Erkrankung hilfreich sein: Zwar ist bei einem schweren psychotischen Schub ein seelsorgerliches Gespräch mit dem Betroffenen nicht oder kaum möglich. Aber in solchen Extremsituationen, die zum entsetzlichsten und angstvollsten gehören, was ein Mensch erleben kann (zumal er sich selbst nicht im Griff hat und nicht beeinflussen kann, was sein Gehirn mit ihm macht), können kurze seelsorgerliche Besuche enorm tröstlich sein: einfach das Dasein, das Mittragen, der kurze Zuspruch, das Gebet und vor allem die Fürbitte. Aber auch der seelsorgerliche Beistand für die Angehörigen des Betroffenen, die die Situation oft nicht verstehen und völlig überfordert sind. Nicht selten ist es auch der Seelsorger, der in solch eine gerade auftretende Situation hinein gerufen wird und der sich dann zumindest in Grundzügen hinsichtlich psychotischer Leiden auskennen sollte, um den Gang zum Arzt oder zur Klinik anzuraten und vielleicht den Kranken und seine Angehörigen dorthin zu begleiten.

5.3 Psychotherapie

Die Psychotherapie kann bei schweren Psychosen nicht bzw. kaum helfen. Sie hat es mit leichteren und mittelschweren seelischen Erkrankungen und den Methoden ihrer Heilung zu tun. Im Unterschied zur Psychiatrie geht es dabei nicht um die schweren genetisch und biochemisch bedingten Psychosen, die das Gehirn und das Nervensystem hervor bringt – auch wenn ein gewisser Anteil biochemischer Vorgänge im Gehirn für alle psychischen Erkrankungen von der Forschung wahrscheinlich gemacht wird.[35] Es geht um Erkrankungen der Psyche, die in erster Linie mit seelischen Verletzungen, seelischen Fehlhaltungen und (zum Teil tief eingeprägten) Lernvorgängen zu tun haben – die sich allerdings angesichts der Veranlagung und frühen Prägung des Menschen sowie seiner daraus resultierenden unterschiedlichen Verletzlichkeit individuell sehr unterschiedlich auswirken.

Das wesentliche Mittel der Psychotherapie, um dem Leidenden zu helfen, ist das Gespräch, in dem seelische Konflikte aufgedeckt und besprochen werden, in dem aber auch offene Wunden mit Verständnis, Trost und Beistand zugedeckt werden. Dazu kommen verschiedene Methoden, um Erinnerungen zu ermöglichen, mit inneren Konflikten und nicht zugelassenen Gedanken zu konfrontieren, Ängste abzubauen, unerwünschtes Verhalten ab- und erwünschtes Verhalten aufzubauen, Übungen im geschützten Raum, um auf entsprechende Realsituationen vorzubereiten, usw. Insgesamt hat sich eine Vielzahl von Therapien entwickelt, die von unterschiedlichen Ansätzen her und mit unterschiedlichen Methoden arbeiten.[36] Fünf Therapierichtungen haben besondere Bedeutung erlangt:

Das wesentliche Mittel der Psychotherapie, um dem Leidenden zu helfen, ist das Gespräch, ...

---

[35] Vgl. John J. Ratey/Catherine Johnson, *Das Schattensyndrom: Neurobiologie und leichte Formen psychischer Störungen*, Stuttgart: Klett-Cotta, 1999

[36] Säkulare Therapieschulen unterschiedlichster Qualität sind erfasst und qualifiziert bei Klaus Grawe/Ruth Donati/Friederike Bernauer, *Psychotherapie im Wandel: Von der Konfession zur Profession*, 4. Aufl., Göttingen/Bern/Toronto/Seattle: Hogrefe, 1995. Entsprechend finden sich zahlreiche Seelsorgekonzepte, die zu unterschiedlichen Graden verschiedene psychologische bzw. psychotherapeutische Verfahren rezipieren bzw. verwerfen, siehe Doris Nauer, *Seelsorgekonzepte im Widerstreit: Ein Kompendium*, Stuttgart: Kohlhammer, 2001.

a) Die *Tiefenpsychologie*: Sie legt besonderen Wert auf frühkindliche Entwicklungen und Verletzungen, vor allem in den ersten sechs Lebensjahren, die aufgedeckt und damit ihres unbewussten Einflusses auf die Psyche des Menschen entkleidet werden sollen.[37] Eine Schwäche der Tiefenpsychologie war von Anfang (Siegmund Freud) an eine gewisse Ideologieanfälligkeit[38] – und vielleicht auch eine starke Festlegung des Menschen auf Kindheitserlebnisse.[39] Andererseits aber ist kaum zu leugnen, welchen prägenden Einfluss die Kindheitsjahre auf einen Menschen haben, und wie befreiend es sein kann, wenn untergründige Wirkfaktoren endlich ans Licht kommen und ihre Macht über den Menschen verlieren.

b) Die *Verhaltenstherapie*: Sie achtet weniger auf die Vergangenheit, sondern konzentriert sich auf das, was man heute tun kann, damit es einem morgen wieder besser geht. Grundidee ist, dass menschliches Verhalten (auch unerwünschtes und belastendes Verhalten auf Grund entsprechender Kognitionen) erlernt wurde und deshalb wieder verlernt werden kann.[40] Um unerwünschtes Verhalten (z. B. irrationale Ängs-

---

[37] Ein früher, aber doch relativ unkritischer Versuch, Tiefenpsychologie und Seelsorge zu verbinden, stammt von Oskar Pfister, *Psychoanalyse und Weltanschauung*, Leipzig/Wien/Zürich: Internationaler Psychoanalytischer Verlag, 1928; ders., *Das Christentum und die Angst*, Lizenzausgabe Zürich: ex Libris, 1975 [1. Aufl. 1944].

[38] Grundsätzlich kritisiert von Dieter E. Zimmer, *Tiefenschwindel: Die endlose und die beendbare Psychoanalyse*, Reinbek: Rowohlt, 1986; vgl. auch Lutz E. von Padberg, „Sigmund Freud als Mitbegründer des modernen Atheismus", *factum*, Mai 1985, S. 38–43. – Befremdlich wirken auch die ausgeprägten Anleihen der zweiten großen Gestalt der Tiefenpsychologie, Carl Gustav Jung, im Okkultismus und Spiritismus für die Entwicklung seiner komplexen Psychologie; siehe *Erinnerungen, Träume, Gedanken von C.G. Jung*, aufgezeichnet und hrsg. von Aniela Jaffé, Olten/Freiburg: Walter, 1971 [6. Aufl. 1988].

[39] Kritisch dazu Hansjörg Hemminger, *Kindheit als Schicksal? Die Folgen frühkindlicher seelischer Verletzungen*, Hamburg: Rowohlt, 1982

[40] Als Einführung in die Verfahren der Verhaltenstherapie siehe M. Linden/M. Hautzinger (Hg.), *Verhaltenstherapie: Techniken, Einzelverfahren und Behandlungsanleitungen*, 3. überarb. u. erw. Aufl., Berlin/Heidelberg: Sprin-

te oder zwanghaftes Verhalten) zu verlernen und erwünschtes zu erlernen, gibt es nun unterschiedliche Methoden, die mit (fast) naturwissenschaftlicher Exaktheit zu praktizieren sind, und die der Therapeut mit dem Klienten Schritt um Schritt einübt. Ziel ist nicht die Runderneuerung des Menschen, sondern gezielte Symptomveränderung in einem begrenzten Leidensbereich. Von daher ist Verhaltenstherapie auch relativ wenig ideologieanfällig. Altes Verhalten wird abgelegt, neues Verhalten „angezogen". Der Unterschied zur Seelsorge (im Kernbereich von Heil und Heiligung) ist, dass es hier um Verhaltensänderung auf der irdischen Ebene geht, die im Machbarkeitsbereich des Menschen liegt. Es geht nicht darum, durch Methoden der Verhaltensmodifikation die Stellung des Menschen vor Gott zu ändern.[41]

c) Die *Gesprächstherapie*: Ähnlich wie die Tiefenspsychologie ist sie ein aufdeckendes Verfahren. Auf der Grundlage eines starken Vertrauens des Klienten in seinen Therapeuten, das durch dessen Grundhaltung der Echtheit, der Wertschätzung und Einfühlsamkeit aufgebaut wird, soll eine bestimmte Technik der Gesprächsführung dazu führen, dass der Klient dem auf die Spur kommt, was in seiner Seele vorgeht und was er bisher selbst nicht wahrgenommen hat. Bei dieser Gesprächsführung versucht der Therapeut, tastend und fragend das aufzugreifen und einfühlsam auf den Punkt zu bringen, was der Klient in Worten, aber auch im (kongruenten oder paradoxen) Gefühlsausdruck äußert.[42] Auch bei die-

---

ger, 1996. – Zur Praxis der Verhaltenstherapie bei der Behandlung einer Zwangserkrankung siehe Ulrike S./G. Crombach/H. Reinecker, *Der Weg aus der Zwangserkrankung: Bericht einer Betroffenen für ihre Leidensgefährten*, 3. Aufl., Göttingen: Vandenhoeck & Ruprecht, 2000.

[41] Vgl. dazu näher die an der Freien Theologischen Akademie in Gießen verfasste Abschlussarbeit von Verena Schröder, *Befreiung von Zwängen und Freiheit in Christus: Lebensänderung durch Verhaltenstherapie im Vergleich mit Lebensänderung auf der Grundlage des Evangeliums von Jesus Christus konkretisiert am Beispiel der Zwangskrankheit*, FTA Gießen 2002, 106 Seiten.

[42] Näheres zum Verfahren der Gesprächspsychotherapie siehe bei S. Weinberger, *Klientenzentrierte Gesprächsführung: Eine Lern- und Praxisanleitung für helfende Berufe*, 7. Aufl., Weinheim/Basel: Beltz, 1996.

ser aufdeckenden Methode ist – unnötiger Weise! – eine gewisse Ideologieanfälligkeit gegeben, insofern sie immer wieder (von ihrem Begründer Carl Rogers an) mit einem humanistischen Menschenbild verbunden wurde: der Mensch weiß selbst, wo die Lösung seiner Probleme liegt, er muss nur darauf kommen; das was der Mensch in sich entdeckt, muss dann auch akzeptiert und ausgelebt werden können, usw.! Von solchem Selbstverwirklichungshumanismus gelöst kann die Methode aber auch schlicht dazu dienen, dass durch eine liebevolle und doch wahrhaftige Haltung und entsprechend aufmerksam-einfühlsames Hören Dinge ans Licht gebracht werden, die vorher insgeheim die Seele des Menschen belastet und krank gemacht haben.

d) Die *Logotherapie*: Im Konzentrationslager hat der jüdische Psychiater Viktor Frankl[43] entdeckt, dass Menschen in schwierigsten Situationen überleben können, wenn sie einen Sinn sehen und von daher ein Ziel erkennen. Vom Ziel her lässt sich dann erkennen, was der richtige (Aus-)Weg ist. Der Sinn, der zum Leben hilft, betrifft nach Frankl nicht unbedingt die letzten großen Sinnfragen des Lebens. Auch in den alltäglichen Fragen helfen sinnvolle Zielvorstellungen, dass sich Wege eröffnen, die sich als sinnvoll erweisen. Die Logotherapie will dem Klienten helfen, seine Existenz in der gegebenen Situation auf sinnvolle Ziele hin zu analysieren und dann die eigene Verantwortung wahrzunehmen, um aus dieser Situation auf einem sinnvollen Weg zu sinnvollen Zielen zu gelangen. Logotherapie traut dem Ratsuchenden verantwortliches Handeln zu. Dies, wie auch die Betonung der Sinnfrage als Lebenshilfe, sind Akzente, die Brücken hin zur Seelsorge darstellen.

[43] Viktor E. Frankl, *Ärztliche Seelsorge: Grundlagen der Logotherapie und Existenzanalyse*, 4. Aufl., Frankfurt: Fischer, 1987; Elisabeth Lukas, *Auch dein Leben hat Sinn: Logotherapeutische Wege zur Gesundung*, Freiburg: Herder, 1997; E. Lukas, *Lehrbuch der Logotherapie: Menschenbild und Methoden*, München: Profil, 2002.

e) Die *Systemische Therapie*: In jüngerer Zeit wird deutlicher gesehen, dass sich therapeutisches Handeln nicht nur mit dem Einzelnen – mit der Aufarbeitung seiner Vergangenheit und gegenwärtigen Lernschritten – befassen darf, sondern dass der Einzelne im System seiner Umgebung, vor allem seiner Familie, gesehen werden muss.[44] Viele Belastungen resultieren aus den Spannungen innerhalb dieses Systems. Dies muss und kann exakt analysiert und zum Beispiel in Genogrammen, die Familienzusammenhänge anschaulich machen, dargestellt werden. Der Einzelne lernt dann, mit den Beziehungen im System hilfreicher umzugehen. Und immer wieder erweist es sich als nötig, in die Therapie Familienmitglieder einzubeziehen, so dass alle lernen, sich im System hilfreicher zu verhalten.

Tiefenpsychologie, Gesprächstherapie, Verhaltenstherapie und Systemische Therapie haben sich – je nach Problemlage – als so hilfreich bei seelischen Erkrankungen erwiesen, dass inzwischen die Krankenkassen für die Kosten dieser Therapiearten aufkommen. Natürlich ist nicht jede dieser Therapieformen für jede seelische Krankheit gleich gut geeignet. Bei einer schweren Depression ist ein aufdeckendes Verfahren wie die Gesprächstherapie eine zu große Belastung, die auf der Talsohle der Depression gar nicht ertragen werden kann. Da helfen entlastende Schritte aus der Angst und Niedergeschlagenheit, wie sie die Verhaltenstherapie anbietet, schon eher – in der Regel begleitet durch medikamentöse Hilfe. Ein Therapeut, der nicht ideologisch auf ein bestimmtes Therapieverfahren fixiert ist, sollte wissen, wann welche Therapieform die Methode der Wahl ist. Umgekehrt sollte sich der Seelsorger hüten – so wertvoll auch für ihn Erkenntnisse aus der Psychotherapie auch sein können –, dass er nicht durch dilettantische Fehlanwendung psychotherapeutischer Versatzstücke Kunstfehler begeht, die auf dem komplexen Gebiet seelischer Probleme mehr Schaden

[44] Siehe dazu Christoph Morgenthaler, *Systemische Seelsorge: Impulse der Familien- und Systemtherapie für die kirchliche Praxis*, 2. Aufl., Stuttgart: Kohlhammer, 1999

anrichten als nützen. Dennoch muss der Seelsorger psychologische und psychotherapeutische Erkenntnisse nicht von sich weisen. Wenn er seine Grenzen kennt (also auch trotz aller psychologischer Fortbildungen nie vergisst, dass er psychologischer Laie ist); wenn er ebenfalls die Grenzen solcher empirische Methoden kennt (also nie meint, mit psychologischen Mitteln geistliche Ergebnisse bewirken zu können); wenn er therapeutische Erkenntnisse als Hilfsdisziplin da einsetzt, wo er auf psychische Problemstellungen stößt, sich im übrigen aber deutlich der ihm für die Seelsorge anvertrauten geistlichen Kernkompetenzen und Mittel bewusst ist – kann es zu ganzheitlicher seelsorglicher Hilfe mit einem klar biblischen Zentrum kommen.

6 Totalopposition gegen psychotherapeutische Hilfe?

Evangelikale tun gut daran, auch hinsichtlich Psychologie, Psychotherapie und Psychiatrie – mit der nötigen Sachkompetenz – alles zu prüfen und das Gute zu behalten. Nun dürfte es an Psychologie und Psychiatrie als wissenschaftliche Disziplinen von christlicher Seite aus keine grundsätzliche Kritik geben – allenfalls sachkundige Einzelkritik an bestimmten Ergebnissen, die dann aber fachlich, und nicht prinzipiell vom Glauben her, begründet ist. Denn dass das Verhalten des gesunden und kranken Menschen in allen Altersstufen in jeder erdenklichen Hinsicht erforscht wird, kann ebenso wenig ernsthaft bestritten werden wie die Tatsache, dass es gehirn- bzw. stoffwechselbedingte psychotische Leiden gibt, die medizinisch-psychiatrisch behandelt werden sollten. Umstritten war aber immer wieder die Psychotherapie und so manche ihrer vorausgesetzten Menschenbilder, Hypothesen und Verfahren.

Im evangelikalen Bereich stand man fachlicher Hilfe aus dem Bereich der Psychotherapie zunächst nicht grundsätzlich skeptisch gegenüber.

Im evangelikalen Bereich stand man fachlicher Hilfe aus dem Bereich der Psychotherapie zunächst allerdings gar nicht grundsätzlich skeptisch gegenüber. Die Bücher des christlichen Arztes Paul Tournier mit seinen Überlegungen zu ganzheitlicher Hilfe waren seit den frühen 40er Jahren weit verbreitet und geschätzt.[45] Nicht weniger die psychotherapeutischen Lebenshilfebücher der leitenden Ärzte der christlichen Fachklinik für Psychiatrie und Psychotherapie „Hohe Mark" in Oberursel.[46] Speziell in den 70er Jahren mehrten sich die Bücher, die – mehr oder weniger kritisch – Erfahrungen aus der Psychotherapie in ihre Seelsorgekonzepte übernahmen[47], bis hin zu einer eigenen evangelikalen Bewegung für „biblisch-therapeutische Seelsorge (BTS)" seit Mitte der 80er Jahre.[48]

---

[45] P. Tournier, *Krankheit und Lebensprobleme*, 8. Aufl., Basel/Stuttgart: Schwabe & Co., 1978; ders., *Die Starken und die Schwachen*, Basel: Benno Schwabe, 1952; ders., *Bibel und Medizin*, Bern: Humata, o. J.; ders., *Echtes und falsches Schuldgefühl: Vom schlechten Gewissen zur wahren Freiheit*, Bern: Humata, o. J.; vgl. Gary R. Collins, *The Christian Psychology of Paul Tournier*, Grand Rapids: Baker, 1973

[46] Alfred Lechler, *Der Christ und sein Temperament*, 2. Aufl., Stuttgart: Quell, 1953; ders., *Ein Arzt gibt Lebenshilfe*, Marburg: Francke, 1973; Arthur Mader, *Hören – schweigen – helfen: Ein Arzt spricht zu Seelsorgern*, bearb. u. erg. Aufl., Wuppertal: R. Brockhaus, 1969; Heinrich v. Knorre (Hg.), *Seelische Krankheit – Heilung und Heil: Gedanken und Erfahrungen von Ärzten der Klinik Hohe Mark*, Marburg: Francke, 1980; Erwin Scharrer, *Jesus im Gespräch: Therapie und Seelsorge in den Dialogreden Jesu*, Wuppertal: R. Brockhaus, 1987

[47] Reinhold Ruthe, *Seelsorge – wie macht man das? Gesprächshilfen für die beratende Seelsorge*, Wuppertal: R Brockhaus, 1973; Friedhardt Gutschke (Hg.), *Mut zur Seelsorge: Die Grenzen der Fachleute und die Möglichkeiten der Gemeinde*, Wuppertal: Theol. Verlag Rolf Brockhaus, 1974; Walter Wanner, *Signale aus der Tiefe: Tiefenpsychologie und Glaube. Einführung und Auseinandersetzung*, Gießen/Basel: Brunnen, 1975

[48] Michael Dieterich, *Psychologie contra Seelsorge? Hilfestellung für die christliche Gemeinde*, Neuhausen-Stuttgart: Hänssler, 1984; ders., *Psychotherapie, Seelsorge, Biblisch-therapeutische Seelsorge*, Neuhausen-Stuttgart: Hänssler, 1987; ders., *Handbuch Psychologie & Seelsorge*, Wuppertal/Zürich: R. Brockhaus, 1989; ders./Jörg Dieterich (Hg.), *Wörterbuch Psychologie & Seelsorge*, Wuppertal: R. Brockhaus, 1996; M. Dieterich, *Einführung in die Allgemeine Psychotherapie und Seelsorge*, Wuppertal: R. Brockhaus, 2001; ders., *Seelsorge kompakt: Zehn Grundlagen für eine ganzheitlich orientierte Beratung und Therapie*, Freudenstadt: IPS/IPP, 2004

Eine grundsätzliche Opposition gegen die Einbeziehung irgendwelcher psychotherapeutischer Erkenntnisse in die Seelsorge kam erst mit dem Erscheinen der Bücher des reformierten Pastoraltheologen Jay E. Adams auf. Seine Bücher[49] wurden aus dem Amerikanischen übersetzt als evangelikale Antwort auf die als totale „Psychologisierung“ empfundene Überfremdung der kirchlichen Seelsorgeausbildung: Innerhalb weniger Jahre war seit Ende der 60er Jahre im Zuge der so genannten empirischen Wende eine stark vom biblischen Wort bestimmte (*kerygmatische*) Seelsorge, die sich der Psychotherapie als Hilfswissenschaft bediente, durch eine Pastoralpsychologie ersetzt worden, die „Seelsorge“ nur noch als eine zwar von Christen geübte, methodisch aber von Gesprächspsychotherapie, Gruppendynamik oder Tiefenpsychologie bestimmte „Psychotherapie im Kontext der Kirche“[50] verstand.[51] Jay Adams zog nun

---

[49] So beispielsweise J.E. Adams, *Befreiende Seelsorge: Theorie und Praxis einer biblischen Lebensberatung*, Gießen/Basel: Brunnen, 1972; ders., *Handbuch für Seelsorge: Praxis der biblischen Lebensberatung*, Gießen/Basel: Brunnen, 1976; ders., *Grundlagen biblischer Lebensberatung: Beiträge zu einer Theologie der Seelsorge*, Gießen/Basel: Brunnen, 1983. – Vgl. dazu die Analyse von Gerhard Paul, *Chancen und Grenzen nouthetischer Seelsorge: Eine Untersuchung der Seelsorgekonzeption von Jay E. Adams*, Freudenstadt: IPS, 1999

[50] Dietrich Stollberg, *Wenn Gott menschlich wäre: Auf dem Weg zu einer seelsorglichen Theologie*, Stuttgart: Kreuz, 1978, S. 33

[51] Siehe den Überblick bei Martin Jochheim, „Die Anfänge der Seelsorgebewegung in Deutschland: Ein Beitrag zur neueren Geschichte der Pastoralpsychologie“, *Zeitschrift für Theologie und Kirche*, 90, 4/1993, S. 462–493. – Wichtige Bücher für die wesentlich aus den U.S.A. und den Niederlanden übernommene therapeutische Seelsorgebewegung waren zu Anfang H. Faber/E. van der Schoot, *Praktikum des seelsorgerlichen Gesprächs*, Göttingen: Vandenhoeck & Ruprecht, 1968; Dietrich Stollberg, *Therapeutische Seelsorge*, Göttingen: Vandenhoeck & Ruprecht, 1970; ders., *Seelsorge durch die Gruppe*, Göttingen: Vandenhoeck & Ruprecht, 1971; Hans-Joachim Thilo, *Beratende Seelsorge: Tiefenpsychologische Methodik dargestellt am Kasualgespräch*, Göttingen: Vandenhoeck & Ruprecht, 1971; Joachim Scharfenberg, *Seelsorge als Gespräch: Zur Theorie und Praxis der seelsorgerlichen Gesprächsführung*, Göttingen: Vandenhoeck & Ruprecht, 1972; Richard Riess, *Perspektiven der Pastoralpsychologie*, Göttingen: Vandenhoeck & Ruprecht, 1974.

gegen alle Psychiatrie/Psychotherapie zu Felde[52] – und zwar mit der provokanten These, dass es psychische Krankheiten gar nicht gebe, weil sie nämlich nicht ausdrücklich von der Bibel erwähnt würden.[53] Ein in der Tat abenteuerliches Argument, denn natürlich gibt es viele Dinge, die die Bibel nicht ausdrücklich erwähnt! Dass er selbst für sein (*nouthetisches*) Seelsorgekonzept Anleihen bei der Verhaltenstherapie (und deren Abgrenzung gegen die Gesprächstherapie) macht, verrät Adams seinen Lesern nicht. Die Psychotherapie war nun bei manchen Evangelikalen unter Generalverdacht gestellt. Während man sich innerhalb der Bekenntnisbewegung vor allem mit dem humanistischen Menschenbild der Gesprächspsychotherapie, ihrem Selbstverwirklichungskonzept und der Zwangsverpflichtung von Vikaren zu gruppendynamischen Experimenten auseinandersetzte[54], lehnten Autoren (vornehmlich) mit pfingstlich-

[52] Adams, *Befreiende Seelsorge*, S. 11, Fn. 24, spart er zwar die Psychologie von seiner Kritik aus, bezeichnet es aber als einen Zweck seines Buches zu zeigen, dass die Psychiatrie (!) sich unrechtmäßig die Aufgaben des Seelsorgers angeeignet habe und eine Unmenge Leute für seelisch krank erkläre, die eigentlich nur einen Seelsorger brauchten. (Es entsteht der Eindruck, dass Adams dabei Psychiatrie und Psychotherapie verwechselt).

[53] Vgl. Adams, *Befreiende Seelsorge*, S. 25: „Um es einfach zu sagen: Die Bibel spricht einerseits von Krankheiten, die organische Ursachen haben, andererseits von Störungen, die sündhafter Haltung und sündhaftem Verhalten entstammen. Aber wo haben wir in der Bibel auch nur eine Spur einer dritten Quelle von Störungen, die in die Nähe des modernen Begriffs der ‚seelischen Krankheit' käme? Wer als Christ lautstark versichert, dass es eine Krankheit der Seele oder des Geistes gibt, sollte dies auch von der Bibel her beweisen." [Die Argumentation ist etwa so schlau, wie wenn jemand behauptete, es gebe nach der Bibel einerseits die Fortbewegung auf dem Landweg durch eigenes Laufen oder durch die Hilfe von Tieren (Reiten, Wagen fahren); wer folglich behaupte, es gebe auch Automobile, der solle diese Idee biblisch beweisen ...]

[54] Vgl. das Wort „Zur Aufnahme gruppendynamischer Methoden in die Rüstzeiten- und Ausbildungspraxis" der Konferenz Bekennender Gemeinschaften vom 15. Mai 1976 an die Kirchenleitungen der EKD, abgedruckt in *Weg und Zeugnis*, hg. von R. Bäumer/P. Beyerhaus/F. Grünzweig, Bad Liebenzell/Bielefeld 1980, S. 292–294; sowie den Sammelband *Seelsorge im Spannungsfeld: Bibelorientierung – Gruppendynamik?*, hrsg. von H. Reller/A. Sperl, Hamburg 1979, und *Gefahr für die Seele: Seelsorge zwischen Selbst-*

charismatischem Hintergrund jegliche Psychotherapie ab[55] – was teilweise schon an die Vorbehalte gegenüber jeglicher ärztlichen Hilfe in der frühen Heiligungs- und Pfingstbewegung erinnern konnte[56]. Natürlich gab es auch unter Nicht-Evangelikalen Vorbehalte gegen die psychotherapeutische Überfremdung der Seelsorge[57] – oder zumindest gegen die Ideologiegläubigkeit mancher Ansätze innerhalb der Pastoralpsychologie[58].

Ernsthafte Grundsatzkritik kommt evangelikalerseits vor allem aus dem Bereich der „Gemeindeorientierten Initiative für

---

verwirklichung und Christuswirklichkeit, hg. von L. Gassmann, Neuhausen-Stuttgart 1986.

[55] So vor allem Wolfhard Margies, *Heilung durch sein Wort. Bd. 1: Der Verzicht auf Psychotherapie*, 4. Aufl., Urbach: STIWA, 1985; *Bd. 2: Die geistliche Behandlung seelischer und körperlicher Krankheiten*, 5. Aufl., Urbach: STIWA, 1988; aber auch das in einem nicht-charismatischen Verlag publizierte Werk der Charismatiker Martin u. Deidre Bobgan, *Psychotherapie oder biblische Seelsorge*, Bielefeld: CLV, 1991 [dazu die Rezension von H. Stadelmann/A. Schwalb in: *Jahrbuch für evangelikale Theologie*, 6/1992, S. 247–251]. – Andere Charismatiker beließen es nicht bei Grundsatzkritik, sondern entwickelten eine eigene christliche Psychologie: Peter Hübner, *Prolegomena zu einer Christlichen Psychologie*, Lüdenscheid: G. Bernard, o. J. [nach 1986]; vgl. dazu den nicht-charismatischen Entwurf von Willem J. Ouweneel, *Psychologie: Ein bibelorientiert-wissenschaftlicher Entwurf*, Dillenburg: CLV, 1993

[56] Vgl. Stephan Holthaus, *Heil – Heilung – Heiligung: Die Geschichte der deutschen Heiligungs- und Evangelisationsbewegung (1874–1909)*, Gießen: Brunnen, 2005, S. 392f.604

[57] Helmut Tacke, *Glaubenshilfe als Lebenshilfe: Probleme und Chancen heutiger Seelsorge*, Neukirchen-Vluyn: Neukirchener, 1975 [2. Aufl. 1979]; ders., *Mit den Müden zur rechten Zeit reden: Beiträge zu einer bibelorientierten Seelsorge*, Neukirchen-Vluyn, 1989; Thomas C. Oden, *Care of Souls in the Classic Tradition*, Philadelphia: Fortress, 1984; Hansjörg Hemminger, *Psychotherapie – Weg zum Glück? Zur Orientierung auf dem Psychomarkt*, München: Evang. Presseverband, 1987; Rudolf Bohren, *Psychologie und Theologie – eine Gewinn- und Verlustrechnung für die Seelsorge*, Waltrop: Spenner, 1996; vgl. Christian Möller, „Wie geht es in der Seelsorge weiter? Erwägungen zum gegenwärtigen und zukünftigen Weg der Seelsorge", *Theologische Literaturzeitung*, 113, 6/1988, Sp. 409–422

[58] Gerhard Besier, *Seelsorge und Klinische Psychologie: Defizite in Theorie und Praxis der ‚Pastoralpsychologie'*, Göttingen: Vandenhoeck & Ruprecht, 1980

biblische Beratung (GIBB)“ mit ihrem Leiter, dem Diplompsychologen und Psychotherapiekritiker Roland Antholzer[59] sowie aus dem Umfeld des Martin-Bucer-Seminars[60]. Antholzer kritisiert, dass das Menschenbild, das Ziel und die Methoden der Psychotherapie sich von Menschenbild, Ziel und Methoden biblischer Seelsorge unterschieden und ruft deshalb zu einem „kompromisslosen Verzicht auf säkulare Psychotherapie in der Seelsorge“[61] auf.

- Im Zentrum der Seelsorge stehe Gott; im Zentrum von Psychotherapie der Mensch (S. 16f). Dieser Mensch werde in der Psychotherapie zudem anders beschrieben als in der Bibel (S. 18–27). Ob die Psychologie/Psychotherapie dabei vielleicht zutreffende Beobachtungen hinsichtlich der geschöpflich-irdischen Seite des Menschen macht, wird nicht diskutiert.
- In methodischer Hinsicht wird die Tiefenpsychologie wegen (psychologischer) Ineffektivität abgelehnt (S. 28f). Über Verhaltenstherapie und Gesprächstherapie wird zunächst zwar neutral manches Positive berichtet, so etwa, dass Verhaltenstherapie zum Abbau von Ängsten und Phobien sowie zu sozialen Trainingsverfahren usw. diene, dass sie helfe, erlernte unangepasste Reaktionen abzubauen, und dass ihre Verfahren jeweils einer strengen empirischen Überprüfung unterzogen würden; weiter, dass Gesprächstherapie den Patienten aktiviert und in ein möglichst geringes Abhängig-

---

[59] Roland Antholzer, *Plädoyer für eine biblische Seelsorge*, Berneck: Schwengeler, 1986

[60] Die Neuauflage des oben erwähnten Buches von Antholzer wurde integriert in den von ihm sowie dem Rektor des Martin-Bucer-Seminars, Thomas Schirrmacher, gemeinsam hg. Band: R. Antholzer/Th. Schirrmacher, *Psychotherapie – der fatale Irrtum*, Berneck: Schwengeler, 1993, darin Teil 1 „Abschaffung der Psychotherapie – Chance für eine biblische Seelsorge“, von Th. Schirrmacher (S. 8–83). Vgl. den vom Studienleiter des Bucer-Seminars hg. Band *Die Wiederentdeckung des Glaubens in der Seelsorge: von der Weisheit der Väter lernen*, hg. Ron Kubsch, Bonn: VKW, 2003, in dem die Psychotherapie grundsätzlich als unwissenschaftlich abgelehnt (S. 116–125) und statt dessen auf die christlichen Väter des Glaubens verwiesen wird.

[61] Antholzer, *Plädoyer*, S. 9

keitsverhältnis vom Therapeuten bringt, dass sie dem Menschen hilft, sich und seine Gefühle zutreffender wahrzunehmen und seine angeborenen Möglichkeiten zu aktualisieren; sowie, dass sich der ideologische Einfluss bei der Gesprächstherapie noch im ethisch vertretbaren Rahmen hält (S. 30–36). Trotz dieser wahrgenommenen positiven Aspekte werden auch Verhaltens- und Gesprächstherapie rundweg abgelehnt. Fragen nach Schuld und Verantwortung ließen sich schwer in die Lerntheorie der Verhaltenstherapie einordnen; außerdem kann Antholzer darauf verweisen, dass Therapeuten bei Übungen gelegentlich die Grenzen des guten Geschmacks überschreiten würden (S. 31f). Die Gesprächstherapie, andererseits, habe ein optimistisches Menschenbild (wohlgemerkt: hinsichtlich der Möglichkeit des Menschen, an seinen irdischen Problemen zu arbeiten!), was in Kontrast zum pessimistischen Menschenbild der Bibel (wohlgemerkt: hinsichtlich der Möglichkeit des Menschen, sich sein ewiges Heil selbst zu erarbeiten!) gesetzt wird. Der Klient werde außerdem zu stark auf seine Gefühle konzentriert; seine Ratio werde nicht genügend betont, weshalb der Mensch nicht ganzheitlich ernst genommen würde. Ihm werde guter Rat und Korrektur vorenthalten (S. 33–36). Überlegt wird nun nicht, ob diese behaupteten Schwachpunkte auch vermieden oder korrigiert werden könnten; überlegt wird auch nicht, ob die zunächst ja wahrgenommenen positiven Wirkungen dieser Methoden nutzbar gemacht oder in der Seelsorge, die „keine geschlossene Methodik“ kenne (S. 36), auf anderem Wege erreicht werden könnten. Die Therapiemethoden sind mit der genannten Kritik vielmehr bereits vom Tisch.[62] Seelsorge habe andere Methoden

[62] In einer Podiumsdiskussion vom 19.04.1997 gestand Antholzer auf Frage des Arztes und Therapeuten Martin Steinbach zwar zu: „Bei spezifischen Angststörungen kann die Verhaltenstherapie am effektivsten eingreifen…“ – so in der Dokumentation dieses Gesprächs in „Pro und Kontra Psychotherapie“, *Bibel und Gemeinde*, 98 (1/1998), S. 40, um dann im gleichen Gespräch aber doch zu vertreten, dass es keinen legitimen Platz für Psychotherapie gebe, sondern allenfalls „Störungen …, die ihren Ursprung im Körperlichen

(S. 36ff): In einer diagnostischen Phase würde der Seelsorger durch Zuhören, Fragen und Beobachten herauszufinden suchen, was das eigentliche Problem sei, was zur Entstehung des Problems beigetragen habe und wie es aufrechterhalten wird (– als ob die genannten Therapiemethoden das nicht täten!). Auf der Grundlage seines biblischen Menschenbildes, der biblischen und evtl. auch der wissenschaftlichen Psychologie (!) sowie seiner seelsorgerlichen und persönlichen Erfahrung wird er nun das erkannte Problem einordnen. Und dann wird er den Ratsuchenden ermahnen und zurechtweisen, um ihn zu einem richtigen Verhalten zu bringen. Zweifellos tut der Seelsorger recht daran, biblische Maßstäbe hinsichtlich Lehre und Ethos zum Maßstab seines Handelns zu machen. Aber ob es auf dieser Grundlage hilfreich ist, auf der geschöpflichen Ebene angesichts unzähliger psychischer Störungen auf das Erfahrungswissen von hundert Jahren wissenschaftlich begleiteter Therapiegeschichte zu verzichten und stattdessen auf die persönliche Erfahrung sowie „eventuell“ auf gewisse, dann eben doch als wissenschaftlich bewertete psychologische Kenntnisse zu setzen, ist die Frage. Wenn man wie Antholzer Diplompsychologe mit klinischer Erfahrung ist, mag die Basis „persönlicher Erfahrung“ ja durchaus breit genug sein! Wer sich als (prinzipiell zu biblischer Lehre und Ethik stehender) Christ und psychologischer Laie auf dieses System einlässt, muss sich dann aber auf das psychologisch-seelsorgerliche Erfahrungswissen dieses einen christlichen Seelsorgers und Psychologen verlassen, anstatt aus dem weiteren Fundus eines wissenschaftlich aufbereiteten Therapiewissens lernen zu können, wie es in einer breiten Literatur diskutiert und von nicht wenigen christlichen Fachleuten kritisch-konstruktiv rezipiert wird.

- Was die Ziele von Psychotherapie und Seelsorge betrifft, wird einerseits auch wieder zunächst neutral berichtet, wel-

---

haben und sich in der Psyche auswirken“, für die dann der Arzt mit gewissen Medikamenten, keinesfalls aber der Psychotherapeut zuständig sei (*ebd.*, S. 37).

che (eigentlich durchaus legitimen!) Ziele Therapien auf der geschöpflichen Ebene verfolgen: nämlich seelische Gesundheit wiederherzustellen, Lebensziele zu verwirklichen, Ängste und unangepasstes Verhalten zu reduzieren, hinsichtlich kranker Gefühle Selbstheilungskräfte zu fördern, emotionale Sicherheit und Entspanntheit zu finden, mehr Selbständigkeit und Initiative zu finden sowie mehr Flexibilität im Denken und Verhalten zu gewinnen (S. 40–43). Sicherlich zu Recht wird das Ziel einer mit ethischem Relativismus verbundenen Selbstverwirklichung kritisiert (S. 43f). Dann aber werden Äpfel mit Birnen verglichen: die Seelsorge habe das Ziel, Heiligung und zunehmende Christusähnlichkeit zu erreichen – und weil Psychotherapie zu diesen Zielen nicht beitragen kann, wird sie grundsätzlich abgelehnt (S. 46–48). Hier macht sich ein auf Heil und Heiligung beschränkter enger Seelsorgebegriff bemerkbar, der den ganzen Menschen in seiner umfassenden Bedürftigkeit – in seiner geschöpflichen wie geistlichen Dimension – nicht ausreichend in den Blick bekommt. Weil alle Menschen als Sünder von der göttlichen Norm abweichen, sei es unangemessen „eine Einordnung des Menschen im Blick auf seinen psychischen Zustand als ‚krank' oder ‚abnorm'" vorzunehmen (S. 46) – womit nicht nur wieder Äpfel mit Birnen verglichen, sondern darüber hinaus psychische Störungen insgesamt relativiert werden.

Typisch für den Diskussionsstand unter Evangelikalen dürfte diese Sicht wohl kaum sein. Eher schon, dass Chancen und Grenzen der Integration von Seelsorge und Psychotherapie im Einzelnen abgewogen werden.[63] Rolf Sons plädiert in Analogie zur lutherischen Zwei-Reiche-Lehre (dass nämlich Gott sowohl in seiner Kirche [dem Reich Gottes „zur Rechten"] als auch in seiner Welt [dem Reich Gottes „zur Linken"] der Herr ist) dafür, Seelsorge und Psychotherapie komplementär zu sehen: beide haben ihren Bereich und ihre Berechtigung; beide sind

[63] Vgl. etwa den Sammelband von Samuel Pfeifer (Hg.), *Seelsorge und Psychotherapie: Chancen und Grenzen der Integration*, Moers: Brendow, 1991.

auch aufeinander bezogen zu sehen; jedoch dürfen beide nicht vermischt werden.[64] So gelingt es, die Bereiche von „Natur“ und „Gnade“ zu unterscheiden, ohne sie auseinander zu reißen – und aufeinander zu beziehen, ohne am Ende mit den Mitteln der Natur das Werk der Gnade tun zu wollen oder umgekehrt in Betonung der Gnade die Natur aus dem Blick zu verlieren. Eine ganzheitliche Seelsorge wird versuchen, im Interesse des heilsbedürftigen, aber oft auch nur ratlosen und leidenden Menschen, beides unvermischt und ungesondert zusammen zu sehen.

7 Grundzüge einer ganzheitlichen Seelsorge

Wir hatten in diesem Beitrag eingangs darauf hingewiesen, dass die Bibel selbst keinen ausdrücklichen Seelsorgebegriff kennt, der vorgeben würde, was verbindlich unter „Seelsorge“ zu verstehen ist. Der Begriff einer *cura animarum*, also einer Sorge (des geistlichen Hirten) für die anvertrauten „Seelen“ (d. h. die in der Gemeinde vorfindlichen Menschen vor Gott mit ihren vielfältigen Anliegen, Problemen und Bedürfnissen), entstand erst im Lauf der Kirchengeschichte und war durchaus ganzheitlich gefasst. Dem „Hirten“ einer Pfarrgemeinde war in Ausübung seiner Sorge für die „Seelen“ nichts Menschliches fremd: er begleitete die unterschiedlichsten Menschen von der Wiege bis zur Bahre, kümmerte sich um geistliche Fragen wie irdische Sorgen, hörte die Beichte, betete mit Menschen, ermahnte mit Lehre, tröstete die Trauernden, gab Rat in privaten wie öffentlichen Angelegenheiten, griff aber auch diakonische Bedürfnisse auf, usw.[65]

In seiner *Theologie der Seelsorge*[66]begründet Holger Eschmann Seelsorge vom Dreieinigen Gott her in Anlehnung an die

---

[64] Rolf Sons, *Seelsorge zwischen Bibel und Psychotherapie: Die Entwicklung der evangelischen Seelsorge in der Gegenwart*, Stuttgart: Calwer, 1995.

[65] Einen Eindruck der Vielfalt solcher ‚Sorge für die Seelen' vermitteln die drei von Christian Möller hg. Bände *Geschichte der Seelsorge in Einzelporträts. Bde. 1–3*, Göttingen: Vandenhoeck & Ruprecht, 1994/1995/1996

[66] H. Eschmann, *Theologie der Seelsorge: Grundlagen – Konkretionen – Perspektiven*, Neukirchen-Vluyn, 2000

drei Artikel des Apostolischen Glaubensbekenntnisses. Er unterscheidet

- Hilfe zum Leben – Seelsorge im Horizont von Schöpfung und Erhaltung: Vom Glauben an Gott den Schöpfer her begründet sich ein seelsorgerliches Handeln, das dem Menschen in seiner irdischen Geschöpflichkeit beisteht. Gott, der Schöpfer, hat ein Interesse, dass seine Schöpfung erhalten bleibt – trotz aller Gebrechlichkeit und Schwachheit. Von daher ist es auch angebracht, dass Seelsorge sich irdischer Nöte annimmt, sich also z. B. um leidende Menschen mit psychischen Problemen kümmert und dazu auch irdische Hilfsmittel (wie die Gesprächstherapie oder Logotherapie) einsetzt.
- Hilfe zu Glaube und Umkehr – Seelsorge im Horizont von Offenbarung und Versöhnung: Vom Glauben an Jesus als offenbaren Gott und Erlöser her begründet sich ein seelsorgerliches Handeln, das dem von Gott getrennten Menschen in seiner Schwachheit und Sünde beisteht. Gott, der Erlöser, hat ein Interesse, dass der Mensch zur Umkehr geführt wird, seine Sünde bekennt, Vergebung seiner Schuld und Trost erfährt. Von daher ist es nötig, dem Menschen in der Seelsorge den Trost des Wortes Gottes und das Angebot des Evangeliums nahe zu bringen.
- Hilfe zu Gemeinschaft und Spiritualität – Seelsorge im Horizont von Nachfolge und Heiligung: Vom Glauben an Gott, den Heiligen Geist, her, der in die Nachfolge und Heiligung führt, begründet sich ein seelsorgerliches Handeln, das dem Menschen beisteht, indem es ihn in die Gemeinschaft der Gemeinde einbindet und in seiner Spiritualität fördert. Von daher ist es nötig, dem Menschen in seiner Christusnachfolge Brüder und Schwestern zur Seite zu stellen und ihm Hilfe zum Gebet und Umgang mit der Bibel anzubieten.

Ganzheitliche Seelsorge, die diese Grundgedanken aufgreift, wird vielgestaltig sein. Sie wird durch die „Hirten“ der Gemeinde ebenso ausgeübt (1Thess 5,12) wie durch die Gemeindeglieder untereinander (Kol 3,16). Sie wird in unterschiedlichen Situationen angesichts unterschiedlicher Problemlagen unterschiedlich vorgehen, wie sich dies ja bereits in 1Thess 5,14 andeutet: „Weist die Unordentlichen zurecht, tröstet die Kleinmütigen, nehmt euch der Schwachen an, seid langmütig gegen alle.“ Gerade eine trinitarisch begründete Seelsorge, die die leib-seelischen Bedürfnisse der Menschen in ihrer geschöpflichen Bedürftigkeit ebenso ernst nimmt wie die Sündenproblematik des unerlösten Menschen und die Begleitung von Christen in ihrer Nachfolge und Heiligung, wird sehr darauf achten müssen die Ebenen nicht zu vertauschen. Geht es um Heil und Heiligung, ist biblische Seelsorge angesagt – d.h. Seelsorge mit der Bibel in der Hand.[67] Denn nur das biblische Evangelium kann den Menschen zur Umkehr und Rettung bringen; und nur das biblische Wort vermag Glauben zu wirken und Menschen so zu verändern, dass aus von der Sünde beherrschten Personen Menschen werden, die den Willen Gottes tun (Röm 10,13–17; 2Tim 3,15–17). Wer hier durch psychologische Mittel Heil verspricht, erweist sich als Scharlatan. Wer mit psychotherapeutischen Methoden biblische Heiligung zustande bringen will, produziert allenfalls Werkgerechtigkeit, die – wie spätestens seit der Reformation bekannt sein sollte – vor Gott nicht zählt. Ohne Zweifel trägt es auf der geschöpflichen Ebene zu mehr Freiheit in der alltäglichen Lebensbewältigung bei, wenn ein von schweren psychischen Zwängen geplagter Mensch durch verhaltenstherapeutische Übungen zu einer wesentlichen Reduzierung seiner Zwangssymptome kommt; doch ist diese Freiheit nicht mit der Freiheit zu verwechseln, zu der Christus den Menschen durch das Evangelium befreit.[68] Andererseits wird ein kompetenter Seelsorger,

Geht es um Heil und Heiligung ist eine Seelsorge mit der Bibel in der Hand angesagt.

[67] Siehe dazu Helge Stadelmann, „Biblische Seelsorge“, *Bibel und Gemeinde*, 98 (1/1998), S. 4–10

[68] Siehe dazu Verena Schröder, *Befreiung von Zwängen und Freiheit in Christus: Lebensveränderung durch Verhaltenstherapie im Vergleich mit Lebensänderung auf der Grundlage des Evangeliums von Jesus Christus konkretisiert am Beispiel Zwangskrankheit*, Wissenschaftliche Hausarbeit, Gießen: Freie Theologische Akademie, 2002, 106 Seiten. – Zur Behandlung

der sich mit Zwängen und deren Reduzierung durch verhaltenstherapeutische Lernschritte auskennt, einem zwangsgeplagten Menschen als einem Geschöpf Gottes aus christlicher Motivation und unter Gebet helfen – und wird, wenn die (irdischen) Therapieschritte angesichts dieses (irdischen) Problems Hilfe schaffen, Gott dafür danken und den Menschen darauf hinweisen, die neu gewonnene (irdische) Freiheit zum Anlass zu nehmen, Gott zu suchen bzw. das neu gewonnene Leben Gott zur Verfügung zu stellen. Erfahrene Lebenshilfe kann so auch zur Glaubenshilfe werden. Und umgekehrt kann Glaubenshilfe einen entscheidenden Beitrag zur Lebenshilfe leisten. So ist es z. B. erwiesen, dass ein aus der Freiheit des Evangeliums gelebter persönlicher Glaube so wesentlich zur Stabilität, Problembewältigung und Psychohygiene von Menschen beiträgt, dass diese ein wesentlich geringeres Depressionsrisiko haben als Menschen ohne Glauben oder solche mit einer bloß äußerlichen Religiosität.[69] Die verschiedenen Ebenen von Seelsorge – einschließlich der jeweils angesagten Handlungsziele und Mittel – sind also unbedingt zu unterscheiden, nicht aber zu trennen. Dies hat ganzheitliche Seelsorge im Grenzbereich zu beachten. Und es stellt hohe Anforderungen an den Seelsorger hinsichtlich seines Unterscheidungsvermögens und seiner theologischen wie diakonisch-therapeutischen Kompetenz.

Ganzheitliche Seelsorge ist und bleibt in erster Linie Seelsorge. Auch wenn sich Seelsorger gewisse Grundkenntnisse und Fähigkeiten im psychisch-psychotherapeutisch-psychiatrischem Bereich aneignen, sollten sie nicht meinen, sie seien nun die psychotherapeutischen Fachmänner! Bloße psychologisch-therapeutische Weiterbildungsmaßnahmen können ein Psycho-

---

von Zwängen mit psychotherapeutischen Mitteln vgl. Nicolas Hoffmann, *Wenn Zwänge das Leben einengen: Zwangsgedanken und Zwangshandlungen: Ursachen, Behandlungsmethoden und Möglichkeiten der Selbsthilfe*, 10. Aufl., Mannheim: PAL, 2004; Ulrike S./G. Crombach/H. Reinecker, *Der Weg aus der Zwangserkrankung: Bericht einer Betroffenen für ihre Leidensgefährten*, 3. Aufl., Göttingen: Vandenhoeck & Ruprecht, 2000

[69] Anette Dörr, *Religiosität und Depression: Eine empirisch-psychologische Untersuchung*, Weinheim: Deutscher Studien Verlag, 1987

logie- und Medizinstudium mit anschließender fachtherapeutischer Ausbildung nicht ersetzen. Und Heerscharen seelsorgerlicher Minitherapeuten, die alles „psychologisieren" und jedermann „therapieren", sind eher Teil des Problems als der Lösung. Seelsorger sollten sich vorrangig ihres geistlichen Kernkompetenzbereichs bewusst und darin handlungsfähig sein. Hier haben sie etwas zu bieten, womit keiner der übrigen Helferberufe aufwarten kann: Weisheit, Trost, Ermahnung und Zuspruch aus Gottes Wort; Gebet und Segen; Beichte und Zusage der Vergebung; Verzeihen und Versöhnen; Krankensalbung und Abendmahl; Glaube, Liebe und Hoffnung; gemeinsames Lastentragen in der Gemeinde der Glaubensgeschwister und vor allem Offenlegen der unterschiedlichsten menschlichen Problemlagen vor dem lebendigen Gott![70] Wenn schon von einem Pastor gilt, dass er ein Generalist ist, der von Vielem ein bisschen, aber von dem einen Bisschen, auf das es ankommt: dem Dienst der Versöhnung aus dem Evangelium (2Kor 5,18), ganz viel weiß[71], dann gilt das für den Seelsorger in speziellem Maße: Er ist ein Generalist, der von vielem Menschlichen (einschließlich der sozialen, rechtlichen, medizinischen und psychologischen Problemlagen samt wesentlicher Wege zu ihrer Abhilfe) „ein bisschen" kennt, aber den Kernbereich seiner geistlichen Kompetenz als das „Bisschen" ansieht, in dem er in Sachen seelsorgerlicher Glaubens- und Lebenshilfe nun tatsächlich viel weiß und kann.

Ganzheitliche Seelsorge ist aber auch bereit, von den Nachbardisziplinen Psychologie, Psychiatrie und Psychotherapie (und anderen) als „Hilfswissenschaften" des Seelsorgers zu lernen. Natürlich kann es ihm in entsprechenden Situationen

[70] Es ist bezeichnend, dass einer der frühen Vertreter der Pastoralpsychologie, Thomas Oden, später vor allem daran erinnerte, man solle die geistlichen Mittel, wie sie die klassische pastoraltheologische Tradition vorhält, nicht vergessen; Th. Oden, *Care of Souls in the Classic Tradition*, Philadelphia: Fortress, 1984; vgl. Andrew Purves, *Pastoral Theology in the Classical Tradition*, Louisville: Westminster John Knox, 2001

[71] So Christian Möller, *Einführung in die Praktische Theologie*, Tübingen/Basel: A. Francke, 2004, S. 39f

helfen, das Spektrum psychischer Erkrankungen und Wege zu sachgerechter Hilfe zu kennen.[72] Natürlich wäre es für den Seelsorger spätestens dann angebracht, sich über Depressionen näher zu informieren[73], wenn der erste Depressive in seine Sprechstunde kommt und Rat und Hilfe sucht. Natürlich kann es bei der Begleitung von Trauernden hilfreich sein, wenn man versteht, was Trauer ist, wie der Trauerprozess verläuft, was der Unterschied von Trösten und Vertrösten ist und was das Ziel einer gelungenen Trauerarbeit sein könnte.[74] Natürlich kann man von der Gesprächstherapie wesentliches über einfühlsames, aktives Zuhören (sowie häufige Fehler beim Zuhören!) lernen, so dass ein Mensch sich nicht nur wie vielleicht nie zuvor verstanden fühlt, sondern sich über das hinaus, was ihm im Blick auf sich selbst bisher bewusst war, in immer tieferen Aufdeckungsprozessen verstehen lernt.[75] Es ließen sich viele andere Beispiele nennen. Nicht überall kann sich der Seelsorger auskennen. Aber er sollte bereit sein, sich spätestens dann Rat zu holen und fachlich zu lernen, wenn seelisch leidende Menschen seine Hilfe in Anspruch nehmen wollen. Nicht immer lassen sie

---

[72] Etwa durch ‚Erste-Hilfe-Lektüre' wie Günther R. Eisele/Reinhold Lindner, *Ich brauche Hilfe: Menschen in seelischer Not begleiten*, 4. Aufl., Neukirchen-Vluyn, 1993; Glenn T. Koppel, *Wochenendlektüre: Basiswissen Psychotherapie*, Göttingen: Vandenhoeck & Ruprecht, 1994; oder auch Michael Dieterich, *Handbuch Psychologie & Seelsorge*, Wuppertal: R. Brockhaus, 1989

[73] Etwa durch die Lektüre von Hans-Arved Willberg, *Depression: Formen – Hintergründe – Hilfen. Schritte zu einer integrativen therapeutischen Seelsorge*, Friedensau/Freudenstadt: IPS, 2001

[74] Siehe etwa Waldemar Pisarski, *Anders trauern – anders leben*, München: Chr. Kaiser, 1982; R. Jerneizig/A. Langenmayr/U. Schubert, *Leitfaden zur Trauertherapie und Trauerberatung*, Göttingen: Vandenhoeck & Ruprecht, 1991; Francine Smalley, *Freude trotz allem: Wie überlebt man den Verlust eines geliebten Menschen?*, Lahr: St. Johannis, 2003

[75] Vgl. Anleitungen wie die von Irja Kilpeläinen, *Zuhören und Helfen in Seelsorge und Beratung: Eine Anleitung*, Stuttgart/Göttingen: Ehrenfried Klotz, 1973; Günther Eisele/Reinhold Lindner, *Seelsorge lernen: Anleitung für helfende Gespräche*, 3. Aufl., Gladbeck: Schriftenmissionsverlag, 1976; Sabine, Weinberger, *Klientenzentrierte Gesprächsführung*, 7. Aufl., Weinheim/Basel: Beltz, 1996

sich nämlich weiter verweisen oder zum Fachmann schicken. Es kann sehr wohl sein, dass ein Ratsuchender mit einem ernsten psychischen Problem allen seinen Mut und seine letzte Kraft zusammennimmt, um einen Seelsorger ins Vertrauen zu ziehen – und dass er, einmal abgewiesen, verzweifelt und seinem Leben ein Ende setzt.

Ganzheitliche Seelsorge wird bei Problemen, die mehrere Ebenen berühren, sowohl die geistliche als auch die psychisch-empirische Seite ernst nehmen und unterscheiden. Das ist in der Vergangenheit nicht immer geschehen. Nehmen wir das Beispiel des sexuellen Missbrauchs. Man möchte meinen: Wenn jemand sich gegen den sexuellen Missbrauch von Kindern hätte stellen müssen und Anwalt der Körper und Seelen der Hilflosen geworden wäre, wenn jemand Licht in den Dämmerbereich dieses Großübels der Gesellschaft gebracht hätte – dann die christliche Seelsorge! Aber weit gefehlt. Eher ist das Gegenteil zu befürchten: dass gerade in konservativ-christlichen Kreisen eine schöpfungswidrige Negativwertung der Sexualität bei manchen Männern (und Frauen) eine reife Erwachsenensexualität verhindert und ein Ausleben solcher verklemmter Sexualität an Kindern gefördert hat[76]; dass eine einseitige bibelwidrige Betonung von Autorität und Ehren von Respektspersonen Kinder hilflos ihren Vätern, Onkeln oder Gemeindegruppenleitern ausgeliefert hat, denen es Lust bereitete, kleinen Mädchen oder Jungen sexuelle Handlungen aufzunötigen[77]; dass die Überbetonung der Sündhaftigkeit gerade sexueller Verfehlungen Opfer in ihrer ohnehin empfundenen Scham

Ganzheitliche Seelsorge wird bei Problemen, die mehrere Ebenen berühren sowohl die geistliche als auch die psychisch-empirische Seite ernst nehmen und unterscheiden.

[76] Laut idea-Interview mit der christlichen Psychologin Dianna Elliot liegt unter befragten berufstätigen Frauen der Anteil derer, die in ihrer Kindheit missbraucht wurden, bei 27 Prozent; bei den Frauen, die angaben, aus einem konservativ-gesetzlichen Hintergrund zu stammen, bei 42 Prozent (*ideaSpektrum* 61/1994).

[77] Vgl. Meridel Rawlings, *Ehre Deinen Vater? Die geheime Welt des Inzests*, Jerusalem: Jerusalem Vistas, 1990

so sehr verstärkte, dass diese sich den Missbrauch nicht zu offenbaren wagten, was den Tätern in den christlichen Gemeinden einen noch geschützteren Tummelplatz bot, als sonst schon in der Gesellschaft; schließlich dass im Fall des Offenbarwerdens eines sexuellen Missbrauchs der Delikt von Seelsorgern immer wieder so dilettantisch behandelt wurde, dass dies einem zweiten Missbrauch des Opfers gleich kam. Da wurde zu Lasten des missbrauchten Schutzbefohlenen eine schnelle Lösung gesucht, die dem Täter eine billige Absolution ermöglichte, nur um Familien oder die Gemeinde vor einem Skandal zu schützen. Oder es wurde im Gegenteil das sexuelle Vergehen sofort im Sinne der Gemeindezucht in die Öffentlichkeit gezerrt, ohne den Schutz des Opfers genügend mit zu bedenken. Oder es wurde auf schnelle Vergebung gesetzt: Kaum dass der überführte Täter nicht mehr leugnen konnte und Krokodilstränen der Reue (oder des Selbstmitleids?) vergoss, ging es nur noch darum, Druck auf das Opfer auszuüben, nun seinerseits umgehend zu vergeben. Manchmal wurde sogar in naiver Übergeistlichkeit von den Opfern Vergebung verlangt, ohne dass die Täter echte Reue zeigten und um Vergebung baten – ganz als wäre das Drängen auf Vergebung der eigentliche Kern seelsorgerlicher Hilfe für Opfer von Gewaltdelikten! Dass man damit vom Opfer etwas verlangte, was selbst Gott nicht tut, nämlich Vergebung zu gewähren, ohne dass der Sündentäter bereut und um Vergebung bittet (vgl. Lk 17,3; 1Joh 1,9), hatte man nicht bedacht.[78] Immer wieder wurde Opfern auch zugemutet zu ertragen, dass ihre (reuigen) Täter in derselben Gemeinde bleiben durften wie sie – auch wenn dies angesichts der dadurch beständig gegebenen Begegnungen, je nach Schwere des Missbrauchs, die Opfer unter Dauerdruck setzte. So ließen fachliche Fehleinschätzungen christliche Seelsorge im Fall sexuellen Missbrauchs oft eher zum Problemproduzenten werden statt zum Protagonisten der Lösung. Und dabei hätte gerade christliche Seelsorge angesichts

---

[78] Vgl. Michael Stehr, *Vergebung als seelsorgerliches Problem: Dargestellt anhand von Fallbeispielen des sexuellen Missbrauchs*, Wissenschaftliche Hausarbeit, Gießen: FTA, 1999

des biblischen Ethos früh zur Vorreiterin der Enthüllung und Ächtung dieser allzu lange als Kavaliersdelikt geduldeten Perversität diverser Saubermänner in Gemeinde und Gesellschaft werden können sowie zum Anwalt derer, die als die Schwächsten auf den Schutz ihrer Intimität angewiesen waren!

Heute weiß man fachlich, dass sexueller Missbrauch mehr noch ein Gewaltdelikt als ein bloßer sexueller Übergriff ist – mit entsprechenden psycho-somatischen Folgen. Man weiß, dass das Verletzen der Intimsphäre von Kindern und Teenagern – unabhängig von der Schwere der Straftat[79] – seelische Schäden hervorruft, die oft Jahrzehnte lang nachwirken. Sie hemmen die Entwicklung einer gesunden Erwachsenensexualität und belasten das Intimleben im späteren Ehealltag immens. Nicht selten stören sie eine vertrauensvolle Beziehung zu Gott als liebendem Vater und führen zur Verachtung der eigenen Körperlichkeit und zur Zerstörung eines gesunden Selbstwertgefühls und bringen dazu unerträgliche Gewissensbisse mit sich, weil das Opfer gefühlsmäßig sich selbst und nicht dem Täter (der oft ein Familien- oder Gemeindeangehöriger ist) die Schuld gibt. Es kann beim schweren sexuellen Missbrauch nicht selten zu einem so kompletten Verdrängen der unerträglich beschämenden Gewalttat aus dem Bewusstsein kommen, dass die betroffende Person sich Jahrzehnte nicht an die Tat erinnern kann, dafür aber umso mehr psychische und psychosomatische Krankheitssymptome produziert, und es in manchen Fällen gar zur Abspaltung von Persönlichkeitsteilen im Sinne des Entstehens multipler Persönlichkeiten kommen kann („Das ist nicht mir passiert, sondern dem kleinen Mädchen …“).[80] Ganzheitli-

[79] Juristisch wird unterschieden zwischen 1. sehr schweren Formen des Missbrauchs (Vaginal-, Oral- und Analverkehr); 2. schweren Formen (Manipulieren der eigenen oder fremden Geschlechtsteile); 3. weniger schweren Formen (Sexuelle Berührungen und sexuelles Küssen u. ä.). Jede dieser Formen ist strafbar. Und jede dieser Formen kann bei Schutzbefohlenen im Kindesalter schwere Dauerschäden verursachen.

[80] Einen allgemeinen Überblick über das Problemgebiet bieten Günther Klempnauer, *Sexueller Missbrauch: Fakten, Hintergründe und seelsorgerliche Aspekte*, Asslar: Schulte & Gerth, 1998; Arline Westmeier u. a., *Ich habe es überlebt. Das dunkle Geheimnis: sexueller Missbrauch*, Wuppertal / Bern:

che Seelsorge wird diese Erkenntnisse im Einzelnen berücksichtigen. Sie wird aber ebenso berücksichtigen, dass nicht schon auf Grund einzelner solcher Symptome einem seelisch leidenden Menschen eingeredet werden darf, er bzw. sie sei vermutlich als Kind sexuell missbraucht worden und habe dies nur verdrängt – denn so kann es umgekehrt zu folgenreichen Verdächtigungen unschuldiger Angehöriger und Betreuungspersonen kommen, die so als Unschuldige zu Opfern psychotherapeutischer Gewalt werden.[81] Auch ist mit der Möglichkeit zu rechnen, dass bei zerbrechenden Ehen missliebige Ehemänner bzw. Schwiegersöhne oder auch missliebige Lehrer möglicherweise als Unschuldige des sexuellen Missbrauchs beschuldigt werden können.

Zum Ethos ganzheitlicher Seelsorge gehört es, dass es ihr unbestechlich um die Wahrheit geht, dass sie dann aber auch konsequent Partei für die Opfer ergreift, dass sie bereit ist, Täter zu konfrontieren, dass sie Sünde in keiner Weise relativiert, dass sie keine falschen Rücksichten kennt, wenn es darum geht, dass Sünde vor Gott und Menschen Folgen hat, dass sie hilft, die Schuldgefühle der Opfer von der Schuld der Täter zu unterscheiden. Zum Ethos ganzheitlicher Seelsorge gehört es weiterhin, dass sie Opfern auf Grund des biblischen Menschenbildes zum Aufbau einer Bejahung des eigenen Körpers und der eigenen Sexualität verhilft, dass sie die Opfer am Beispiel des über Sünde zürnenden Gottes lehrt, auch selbst nicht auf den eigenen Körper, sondern auf die Gewalttat der Täter zornig zu sein, dass sie vermittelt, dass Gott den Täter wegen seiner Tat und all ihrer Folgen einmal zur Rechenschaft ziehen wird (vgl. 1Kor 3,16f; 6,19) und damit auf Seiten des Opfers steht. Ganzheitliche Seel-

---

Blaukreuz, 1997. Hilfreich sind Dan B. Allender, *Das verwundete Herz: Hilfe für erwachsene Opfer sexueller Gewalt im Kindesalter*, 2. Aufl., Gießen: Brunnen, 2005; Mitchell Whitman, *Brecht das Schweigen: Ein Handbuch zur Behandlung und Seelsorge von Opfern und Tätern bei sexuellem Missbrauch*, Neukirchen-Vluyn: Aussaat, 1993

[81] Siehe dazu Elizabeth Loftus/Katherine Ketcham, *Die therapierte Erinnerung: Über den zweifelhaften Versuch, sexuellen Missbrauch erst Jahre später nachzuweisen*, Bergisch-Gladbach: Bastei/Lübbe, 1997

sorge wird andererseits aber auch als eines der Heilungsziele lehren, nach Ausloten des wirklichen Ausmaßes der Tat zur Vergebungsbereitschaft zu kommen – und schließlich mit Gottes Hilfe auch zu vergeben, wenn der Täter bereut. Zu ganzheitlicher Seelsorge gehört gleichfalls in allen Fällen, in denen es um Gemeindezucht gegenüber dem unbußfertigen bzw. Vergebung gegenüber dem reuigen Täter geht, dem Schutz der Opfer in konsequenter Parteilichkeit der Liebe Vorrang einzuräumen.

Abschließend lässt sich festhalten, dass ganzheitliche Seelsorge im Grenzbereich versuchen wird, seelisch leidenden Menschen um Gottes willen und aus Liebe in jeder erdenklichen Weise zu helfen. Seelische Leiden gehören zum Schwersten, was einem Menschen widerfahren kann. Darin darf man ihn nicht alleine lassen. Seelisch Leidende verstehen sich oft selbst nicht; und auch die Angehörigen verstehen den Betroffenen nicht. Ganzheitliche Seelsorge wird sich aus Liebe so viel Kenntnis des jeweiligen Problems aneignen, dass sie erste Hilfe zum Verstehen der Not bieten kann. Bei psychischen Problemen ist für die Betroffenen die Hemmschwelle oft enorm hoch, zum Psychologen, Psychiater oder Psychotherapeuten zu gehen. Teils hat dies mit der Angst vor gesellschaftlicher und beruflicher Ächtung zu tun, da man psychische Krankheiten im Unterschied zu körperlichen Krankheiten immer noch als etwas ansieht, dessen man sich schämen muss. Teils hat es auch mit Angst vor unseriösen Psychoideologien zu tun. Da ist der Seelsorger, dem man vertraut, schon eher der Ansprechpartner für psychische Probleme, die man nicht versteht, aber unter denen man intensiv leidet. Wieder wird es die Liebe sein, die den Seelsorger motiviert, sich in einfacheren Fällen Wege zu erster Hilfe aus der Not anzueignen. Der kundige ganzheitliche Seelsorger wird allerdings auch wissen, dass es gerade bei psychischen Problemen wichtig ist, dass der Betroffene selbst die Verantwortung übernimmt, alle nötigen Schritte zu unternehmen, um aus der Not heraus zu kommen. Wenn der Ratsuchende die

Seelische Leiden gehören zum Schwersten, was einem Menschen widerfahren kann. Darin darf man ihn nicht alleine lassen.

Verantwortung, geholfen zu bekommen, dem Seelsorger aufbürden will, wenn er nicht wirklich bereit ist, konsequente Schritte aus der Not heraus zu gehen, wenn er vielleicht sogar durch die Zuwendung des Seelsorgers so viel „Krankheitsgewinn" hat, dass er gar nicht wirklich gesund werden will, dann sind kaum Chancen da, dem Betroffenen zu helfen. Will der Leidende aber aus seiner Not wirklich herauskommen und ist er bereit, dafür auch einen schweren Weg der Aufarbeitung der Probleme mit allen Konsequenzen zu gehen, dann muss der Seelsorger auch nicht befürchten, dass er ohne psychologisch-psychotherapeutisch-psychiatrische Fachkompetenz im Einzelnen überhaupt nicht helfen könnte. Eine Grundkenntnis, die vor groben Kunstfehlern bewahrt, ist oft schon ausreichend für solche erste Hilfe. Zumal es zu den wichtigsten Einsichten der Psychotherapieforschung gehört, dass wichtiger als alle Therapietechniken die verständnisvolle, warmherzige und zugleich abgrenzungsfähige Persönlichkeit des Beraters und das daraus resultierende Vertrauen des Ratsuchenden ist. Auf dieser Basis bringt der ganzheitliche Seelsorger dann ja auch nicht nur seine erste Hilfe im seelischen Bereich ein, sondern setzt – wie weiter oben erwähnt – seine geistliche Kompetenz als Seelsorger mit biblischer Weisheit, biblischem Zuspruch, biblischem Rat sowie mit Fürbitte, Segen, geistlichem Beistand, Beichte und Vergebungszuspruch (usw.) ein. Und sollte sich das seelische Problem als für bloße erste Hilfe zu schwierig erweisen, kann der Seelsorger dem Betroffenen raten und helfen, einen geeigneten Arzt oder Therapeuten zu finden – womit ganzheitliche Seelsorge dann aber nicht zu Ende ist. Vielmehr wird Seelsorge im Grenzbereich den schwer leidenden Betroffenen immer auch anbieten, sie parallel zur therapeutischen Behandlung mit Rat, Zuspruch, Gebet und dem Angebot christlichen Beistands in schwerer Zeit zu begleiten, bis hin zur Kontaktnahme und aktiven Kooperation von Therapeut und Seelsorger.

Es dürfte deutlich geworden sein, dass es nicht darum geht, Psychologie,

Es geht nicht darum, Psychologie, Psychiatrie und Psychotherapie für alleinzuständig zu erklären und Seelsorge durch Psychopraktiken zu ersetzen,...

Psychiatrie und Psychotherapie für alleinzuständig zu erklären und Seelsorge durch Psychopraktiken zu ersetzen. Vielmehr geht es darum, dass Seelsorge – analog zu dem biblischen Wort, die „leibliche Übung wenig nütze; aber die Frömmigkeit ist zu allen Dingen nütze“ (1Tim 4,8; Luther 1984) – ganzheitlich für alle Bereiche des Menschseins, die geistlichen wie die geschöpflichen (und dabei eben auch die psycho-physischen), ihre Bedeutung hat. Sie ist sich dabei, wenn sie ihren geistlichen Kernkompetenzbereich verlässt, ihrer Grenzen bewusst; ebenso aber auch ihrer Zuständigkeit für geistliche Begleitung im Grenzbereich und für erste Hilfe in seelischen Nöten aus dienender Liebe heraus. In solcher kompetenten Bescheidenheit und bescheidener Kompetenz erweist sich ganzheitliche Seelsorge als Hilfe für Hilfsbedürftige im Schnittfeld von Glauben und Theologie einerseits und Psychologie, Psychiatrie und Psychotherapie auf der anderen Seite.

VI Gemeindezucht

Matthias Schmidt

1 Vorbemerkungen

Ich möchte zunächst deutlich machen, dass ich nicht als Unbeteiligter distanziert über dieses Thema schreiben kann und will. Ich leide an diesem Thema und muss sagen, dass mir als harmoniebedürftigem Menschen in meinem Ältestendienst die Praktizierung von Gemeindezucht besonders schwer fällt. Andererseits bin ich von der Notwendigkeit absolut überzeugt, weil Gemeindezucht nicht eine Erfindung von Menschen darstellt, sondern zu den bewahrenden Regeln Gottes an die Gemeinde gehört.

Gemeindezucht ist keine Erfindung von Menschen.

In der Geschichte der Freikirchen ist „Gemeindezucht" eine viel besprochene und praktizierte Handlungsweise der Gemeinde. Ständig wurde um die richtige Handhabung gerungen.[82]

Allerdings stoßen wir schon im Bericht von der Bundeskonferenz des Bundes Evangelisch-Freikirchlicher Gemeinden 1957 in Kassel auf folgende Feststellung: „Unsere Generation ist in der Ausübung der Gemeindezucht müde und unsicher, aber auch weich und kraftlos geworden."[83]

Günter Balders schreibt 1984: „Welche Erfahrungen machen wir heute? Was haben wir zu diesem Thema zu sagen? Unsere Unsicherheit ist meiner Erkenntnis nach so groß und fast erschreckend, dass wir dazu nur negative Klischees nennen, kaum jedoch theologische Begründungen sehen und das geistliche Anliegen vertreten können. Die Defizite, die hier bestehen und an denen die Gemeinden leiden, können nur überwunden wer-

---

[82] Balders, Günter, *Ein Herr, ein Glaube, eine Taufe*, Oncken Verlag Wuppertal und Kassel, 1984, S. 197ff

[83] Balders, a. a. O., 202

den durch eine neue Besinnung auf das Wesen der Gemeinde als der neuen Schöpfung Gottes mit der Bereitschaft, dem neu schaffenden Handeln Gottes in der Gemeinde Rechnung zu tragen." [84]

Aber auch dort, wo Gemeindezucht praktiziert wurde, geschah das nicht immer aus der Absicht heraus, den Schuldiggewordenen zurecht zu bringen, sondern ihn vom Standpunkt moralischer Überlegenheit her zu verurteilen. Das hatte dann zur Folge, dass der Betroffene diese Vorgehensweise nicht als Hilfe, sondern als Ablehnung und Bestrafung empfand.

Welche Vorstellungen und Empfindungen uns beim Thema „Gemeindezucht" bewegen, hängt sicher stark davon ab, welche Erfahrungen wir in unseren örtlichen Gemeinden damit gemacht haben. Aber nicht unsere Erlebnisse, wie Enttäuschungen oder vielleicht sogar Verletzungen, können Maßstab für die Praktizierung von Gemeindezucht sein. Wir sind herausgefordert, uns damit zu befassen, welche Hilfen und Weisungen wir in Gottes Wort zu dieser Thematik finden.

2 Begriff und Definition

Das Substantiv „Gemeindezucht" fehlt im Neuen Testament, aber durch Verben wird der Sachverhalt ausgedrückt:

- *paideuo*: „erziehen" 1Tim 1,20 (zurechtgewiesen werden), 2Tim 2,25, d. h. Erziehung zum Bleiben an Christus und seiner Gemeinde
- *parakaleo*: „ermahnen", „zusprechen", „trösten" Hebr 3,13; 10,25, keine klare Abgrenzung zwischen Seelsorge und Gemeindezucht, Aufgabe der ganzen Gemeinde
- *elegcho*: „tadeln", „zurechtweisen" Mt 18,15 (unter vier Augen), 1Tim 5,20 (vor der Gemeinde)

Der Begriff „Gemeindezucht" ist missverständlich, da er streng, lieblos und kalt klingt. Detlev Fleischhammel ersetzt ihn in seinem Buch „Den Bruder und die Schwester gewinnen"

[84] Balders, a. a. O., S. 203

durch „korrektive Gemeinde-Seelsorge".[85] Da kommt der Aspekt der Wiederherstellung und Heilung stärker zum Tragen. Trotzdem werden wir diesen Begriff kaum ersetzen können. Deshalb ist es umso wichtiger, wie wir ihn füllen.

Eine hilfreiche Definition für Gemeindezucht gibt K. Fuhrmann: „Gemeindezucht ist erziehendes Handeln einer Ortsgemeinde an Mitgliedern, deren Leben oder Lehren dem Bekenntnis zu Jesus Christus als ihrem Herrn widerspricht."[86]

Gemeindezucht

- Sache der Gemeinde, keine Privataktion, besitzt Öffentlichkeitscharakter
- besondere Aufgabe der Ältesten bzw. der Gemeindeleitung
- Gemeindegrenze = Grenze der Gemeindezucht

Gemeindezucht setzt ein, wo die persönlich-seelsorgerlichen Bemühungen nicht ihr Ziel erreicht haben.

3 Begründung und Notwendigkeit der Gemeindezucht

Der Stellenwert und die Praktizierung von Gemeindezucht haben stark mit unserem Bibelverständnis zu tun. Wenn wir die Bedeutung diesbezüglicher Aussagen nur für die Entstehungszeit der Gemeinde gelten lassen, werden wir Gemeindezucht mit dem Hinweis veränderter geschichtlicher Umstände vernachlässigen. Wenn die Bibel allerdings Grundlage für Lehre und Leben unserer Gemeinde darstellt, können wir gar nicht anders, als uns mit den Texten zu beschäftigen, die diese Frage zum Inhalt haben. Gemeindezucht wurde von Jesus angeordnet und von den Aposteln praktiziert.

Gemeindezucht wurde von Jesus angeordnet und von den Aposteln praktiziert.

[85] Fleischhammel, Detlev, *Den Bruder und die Schwester gewinnen*, Dillenburg 2000, S. 14ff

[86] K. Fuhrmann, Skript des Seelsorgeunterrichts im Theologischen Seminar Bukow 1974

3.1 Einschlägige Texte

Mt 18,15–20: Ziel ist das Gewinnen, Zurechtbringen des Bruders, Gemeindezucht setzt Uneinsichtigkeit voraus

> „15 Wenn aber dein Bruder sündigt, so geh hin, überführe ihn zwi-
> schen dir und ihm allein! Wenn er auf dich hört, so hast du deinen
> Bruder gewonnen. 16 Wenn er aber nicht hört, so nimm noch einen
> oder zwei mit dir, damit aus zweier oder dreier Zeugen Mund jede
> Sache bestätigt werde! 17 Wenn er aber nicht auf sie hören wird, so
> sage es der Gemeinde; wenn er aber auch auf die Gemeinde nicht
> hören wird, so sei er dir wie der Heide und der Zöllner!
> 18 Wahrlich, ich sage euch: Wenn ihr etwas auf der Erde bindet,
> wird es im Himmel gebunden sein, und wenn ihr etwas auf der Er-
> de löst, wird es im Himmel gelöst sein. 19 Wiederum sage ich euch:
> Wenn zwei von euch auf der Erde übereinkommen, irgendeine Sa-
> che zu erbitten, so wird sie ihnen werden von meinem Vater, der in
> den Himmeln ist. 20 Denn wo zwei oder drei versammelt sind in
> meinem Namen, da bin ich in ihrer Mitte."

- V. 15: Die Initiative geht vom Gemeindeglied aus, das dem sündigenden Bruder als Seelsorger begegnet. Bei positiver Reaktion kann die Sache „unter vier Augen" geklärt werden.
- V. 16: Verharren in der Sünde zieht den Übergang von persönlicher Seelsorge zur Gemeindezucht nach sich. Dabei werden Zeugen benötigt.
- V. 17: Letzte Instanz für die Ausübung von Gemeindezucht ist die Gemeindeversammlung. Reagiert der Schuldige auf die gemeindliche Ermahnung negativ, trennt er sich damit schon von der Gemeinde. Diese antwortet mit Ausschluss. Der Heide ist als außerhalb Israels (Gemeinde) Stehender zu sehen und der Zöllner als ein Abtrünniger. Im Ausschluss kommt das erzieherische Handeln der Gemeinde zum Abschluss.
- V. 18: Binden = unter Strafe stellen, Lösen = die Strafe aufheben

1Kor 5,1–13: Bezeichnungen für die Trennung vom sündigen Bruder, Gemeindezucht gegen Sünde in der Gemeinde

„[1] Überhaupt hört man, dass Unzucht unter euch ist, und zwar eine solche Unzucht, die selbst unter den Nationen nicht stattfindet: dass einer seines Vaters Frau hat. [2] Und ihr seid aufgeblasen und habt nicht etwa Leid getragen, damit der, der diese Tat begangen hat, aus eurer Mitte entfernt würde! [3] Denn ich, zwar dem Leibe nach abwesend, aber im Geiste anwesend, habe schon als anwesend das Urteil gefällt über den, der dieses so verübt hat, [4] – wenn ihr und mein Geist mit der Kraft unseres Herrn Jesus versammelt seid – [5] einen solchen im Namen unseres Herrn Jesus dem Satan zu überliefern zum Verderben des Fleisches, damit der Geist errettet werde am Tage des Herrn. [6] Euer Rühmen ist nicht gut. Wisst ihr nicht, dass ein wenig Sauerteig den ganzen Teig durchsäuert? [7] Fegt den alten Sauerteig aus, damit ihr ein neuer Teig seid, wie ihr ja bereits ungesäuert seid! Denn auch unser Passahlamm, Christus, ist geschlachtet. [8] Darum lasst uns Festfeier halten, nicht mit altem Sauerteig, auch nicht mit Sauerteig der Bosheit und Schlechtigkeit, sondern mit Ungesäuertem der Lauterkeit und Wahrheit! [9] Ich habe euch in dem Brief geschrieben, nicht mit Unzüchtigen Umgang zu haben; [10] nicht überhaupt mit den Unzüchtigen dieser Welt oder den Habsüchtigen und Räubern oder Götzendienern, sonst müsstet ihr ja aus der Welt hinausgehen. [11] Nun aber habe ich euch geschrieben, keinen Umgang zu haben, wenn jemand, der Bruder genannt wird, ein Unzüchtiger ist oder ein Habsüchtiger oder ein Götzendiener oder ein Lästerer oder ein Trunkenbold oder ein Räuber, mit einem solchen nicht einmal zu essen. [12] Denn was habe ich zu richten, die draußen sind? Richtet ihr nicht, die drinnen sind? [13] Die aber draußen sind, richtet Gott. Tut den Bösen von euch selbst hinaus!"

Grund des Ausschlusses

porneia (Unzucht) mit seines Vaters Frau. Mit dem Begriff kann auch die „Stiefmutter" bezeichnet werden, aber auch solche sexuelle Verbindung war selbst nach römischem Recht verboten.

Die Anklage von Paulus

Die Gemeinde verhält sich gleichgültig, hat „nicht etwa Leid getragen“ (s. V. 2).

Anweisungen von Paulus

- V. 2: „aus eurer Mitte hinweg tun“
- V. 5: „dem Satan überliefern“
- V. 7: „Fegt den alten Sauerteig aus“
- V. 9: „nicht mit Unzüchtigen Umgang haben“
- V. 11: „mit einem solchen nicht einmal zu essen“ (auch Abendmahl)
- V. 13: „Tut den Bösen von euch selbst hinaus!“

Der Begriff des Sünders

In V. 11 stellt Paulus folgende „Sünder“ auf die gleiche Stufe:

- den Habsüchtigen
- den Götzendiener
- den Lästerer
- den Trunkenbold
- den Räuber

In V. 13 finden wir die zusammenfassende Bezeichnung: „der Böse“. „Der Böse“ ist innerlich so verdorben, dass er nicht mehr zum Glaubensgehorsam bereit bzw. fähig ist und andere daran hindert. Er hat sich völlig von Jesu Geist und Wort gelöst. Dabei geht es nicht so sehr um die einzelne Tat, sondern um die Einstellung zu seiner Tat. Der Ausschluss bedeutet das äußere Zeichen eines innerlich schon vollzogenen Vorgangs.

„Der Böse“ ist innerlich so verdorben, dass er nicht mehr zum Glaubensgehorsam bereit bzw. fähig ist und andere daran hindert.

Die ausschließende Instanz

Sie ist nicht ein Einzelner, sondern die ganze Gemeinde. Paulus handelt in der Gemeinschaft des Heiligen Geistes zusammen mit den Korinthern (V. 3–5).

Zweck der Trennung

- V. 1: Abgrenzung der Gemeinde vom Verhalten der Heiden (indirekte Schlussfolgerung)
- V. 5: Möglichkeit der letztendlichen Rettung des Sünders
- V. 6: Bewahrung vor „Ansteckung“
- V. 7: Abgrenzung des neuen vom alten Leben

2Thess 3,6–15: Verhalten gegenüber unordentlichen Gliedern der Gemeinde

„[6] Wir gebieten euch aber, Brüder, im Namen unseres Herrn Jesus Christus, dass ihr euch zurückzieht von jedem Bruder, der unordentlich und nicht nach der Überlieferung wandelt, die ihr von uns empfangen habt. [7] Denn ihr selbst wisst, wie man uns nachahmen soll; denn wir haben unter euch nicht unordentlich gelebt, [8] noch haben wir von jemand Brot umsonst gegessen, sondern wir haben mit Mühe und Beschwerde Nacht und Tag gearbeitet, um keinem von euch beschwerlich zu fallen. [9] Nicht, dass wir nicht das Recht dazu haben, sondern damit wir uns euch zum Vorbild gäben, damit ihr uns nachahmt. [10] Denn auch als wir bei euch waren, geboten wir euch dies: wenn jemand nicht arbeiten will, soll er auch nicht essen. [11] Denn wir hören, dass einige unter euch unordentlich wandeln, indem sie nicht arbeiten, sondern unnütze Dinge treiben. [12] Solchen aber gebieten wir und ermahnen sie im Herrn Jesus Christus, dass sie in Stille arbeiten und ihr eigenes Brot essen. [13] Ihr aber, Brüder, werdet nicht müde, Gutes zu tun! [14] Wenn aber jemand unserem Wort durch den Brief nicht gehorcht, den bezeichnet, habt keinen Umgang mit ihm, damit er beschämt werde; [15] und seht ihn nicht als einen Feind an, sondern weist ihn zurecht als einen Bruder!“

Anlass für Zuchtmaßnahmen

Unordentliches Leben (V. 6), Faulheit in Bezug auf die Arbeit (V. 7–11).

Vorgehen

„sich zurückziehen“ (V. 6)

- V. 12: öffentliche Ermahnung durch den Brief des Paulus, ohne Namennennung
- V. 14: „den bezeichnet, habt keinen Umgang mit ihm“

- V. 15: „weist ihn zurecht“

Zweck

Änderung des Verhaltens, „damit er schamrot werde“ (Reue)

Tit 3,9–11: Warnung vor Streitfragen

> „[9] Törichte Streitfragen aber und Geschlechtsregister und Zänkereien und gesetzliche Streitigkeiten vermeide! Denn sie sind unnütz und wertlos. [10] Einen sektiererischen Menschen weise nach einer ein- und zweimaligen Zurechtweisung ab, [11] da du weißt, dass ein solcher verkehrt ist und sündigt und durch sich selbst verurteilt ist!“

Anlass

„sektiererischer Mensch“ (Häretiker, Spalter, Irrlehrer)

- einer, der geistlich ungesund und losgelöst vom Leben der Gemeinde ist
- einer, der andere entwurzeln will

Vorgehen

Abweisung nach ein- oder mehrmaliger Ermahnung

3.2 Theologische Aspekte

Exodus der Gemeinde

Gott ruft heraus und befreit von sündhaften Bindungen. Er ruft in die Nachfolge mit allen Konsequenzen. Adolf Pohl weist im Zusammenhang mit Mt 18 auf Folgendes hin:

> „Dieses seelsorgerliche Hingehen zum Bruder und das missionarische Hingehen in die Welt gehören zusammen … Es ginge nicht an, dass die Gemeinde draußen zur Umkehr riefe und drinnen jeglichen Ernst vermissen lasse, dass sie öffentlich den Exodus proklamierte, während sie ihn intern einstellte.“[87]

[87] Pohl, Adolf, „Gemeinde als Exodus“, *Theologisches Gespräch* 3/4 (1981), S. 8ff

Mt 18,15ff

„[15] Wenn aber dein Bruder sündigt, so geh hin, überführe ihn zwischen dir und ihm allein! Wenn er auf dich hört, so hast du deinen Bruder gewonnen. [16] Wenn er aber nicht hört, so nimm noch einen oder zwei mit dir, damit aus zweier oder dreier Zeugen Mund jede Sache bestätigt werde! [17] Wenn er aber nicht auf sie hören wird, so sage es der Gemeinde; wenn er aber auch auf die Gemeinde nicht hören wird, so sei er dir wie der Heide und der Zöllner!“

Apg 2,40

„Lasst euch retten aus diesem verkehrten Geschlecht!“

Sünde

Gläubige sind befreit von der Macht der Sünde, aber sie können noch sündigen. Hier ist entscheidend, ob Sünde den Charakter eines Verkehrsunfalls trägt oder bewusst in Kauf genommen wird.

Taufe

Der Gläubige legt sich mit der Taufe öffentlich fest, ein Leben in der Nachfolge zu führen und kann deshalb auf seine Treue angesprochen werden.

Bilder der Gemeinde

- Leib Christi: Wo ein Körperteil von der Sünde geprägt wird, ist der ganze Leib herausgefordert, um Heilung und Wiederherstellung zu ringen.
- Braut: Aspekt der Treue und Reinheit
- Bau: Qualität des Materials

Grenze der Gemeinde

Paulus spricht von Menschen, die drinnen und draußen sind. An der Reaktion auf das Wort Gottes entscheidet sich, wer zur Gemeinde gehört und wer nicht. Ansonsten wäre Mission nicht möglich. Die Grenze hat eine göttliche und menschliche Seite. Es wird ein Rest von Unsicherheit bleiben (Heuchelei).

4 Hinweise zur Praxis der Gemeindezucht

4.1 Anlässe für Gemeindezucht

Für Anlässe zur Gemeindezucht kann kein Katalog aufgestellt und festgeschrieben werden. Folgende Fragen müssen gestellt werden:

- Steht das Verhalten des einzelnen Gemeindegliedes im Widerspruch zur Ehre Gottes?
- Werden das evangelistische Zeugnis und die Auferbauung der Gemeinde behindert?
- Entzieht sich das Gemeindeglied der Verkündigung der Gemeinde?
- Weigert es sich, sich Ermahnungen und Gesprächen von Seiten der Gemeinde zu stellen?

4.2 Mögliche Motive zur Gemeindezucht und deren Einordnung

- Durchsetzung von Gruppennormen und Bestrafung ihrer Übertretungen.
- Jede Gruppe braucht für ihre Existenz Normen.
- Es besteht die Gefahr, dass Gruppennormen sofort als göttliche Normen angesehen werden.
- Abschreckung der übrigen Gemeindeglieder.
- Gemeindezucht besitzt einen pädagogischen Wert für alle Gemeindeglieder.
- Vernachlässigung der Gemeindezucht zieht auf die Dauer verheerende Folgen nach sich.
- Gemeindezucht muss immer biblisch-theologisch und nicht allein moralisch begründet werden.
- Darstellung der reinen Gemeinde
- Es geht nicht in erster Linie um das Image der Gemeinde, sondern um ihre Dienstfähigkeit und die Ehre Christi.

4.3 „Klimatische Bedingungen“ für Gemeindezucht

Geistliche Gemeinschaft

Gemeinde ist nicht zuerst Verein bzw. Interessenverband, sondern kann nur von ihrem Haupt her gesehen werden. Jesus Christus, der sich durch sein Wort und seinen Geist in der Gemeinde offenbart, bildet den Maßstab auch für unseren Umgang miteinander. Es geht also nicht einfach um Mitmenschlichkeit, sondern um vom Geist Gottes geprägten Umgang.

Es geht also nicht einfach um Mitmenschlichkeit, sondern um vom Geist Gottes geprägten Umgang.

Aufeinander achten

Zunächst geht es darum, dass der andere im Glauben gefördert und ermutigt wird. Dazu gehört aber auch das Ansprechen von offenbar gewordener Sünde. Das setzt ein großes Maß von Mut und Einfühlungsvermögen voraus.

Geistliche Motivation

Antipathie, Rachegedanken und Rücksicht auf Familienbindungen verhindern eine geistliche Handhabung von Gemeindezucht.

4.4 Erziehungsmittel

Ermahnung bzw. Verwarnung

Durchführung durch die Gemeindebeauftragte (insbesondere durch die Ältesten) bzw. in der Gemeindeöffentlichkeit (Gemeindeversammlung). Der Öffentlichkeitsgrad ist abhängig vom Öffentlichkeitsgrad der zu tadelnden Handlung.

Einschränkung

- des persönlichen Umgangs und der Teilnahme am Abendmahl
- der Rechte, z. B. Trauung, Mitbestimmungsrecht, Leitungsfunktionen

Ausschluss

Bei glaubhafter Buße erfolgt kein Ausschluss, sondern Vergebung und Neuanfang. Die Umgebung muss merken, dass Sünde ernst genommen wird.

5 Ergebnisse

Erstens ist Gemeindezucht immer eingebettet in die Gemeindeseelsorge. Ausgangspunkt und Grundlage bildet nicht die sittliche Anstrengung oder bessere Moral des Menschen, sondern die Wirksamkeit des Heiligen Geistes, der als schöpferische Kraft Erneuerung und Heiligung im Leben des Menschen bewirkt.

Gemeindezucht ist immer eingebettet in die Gemeindeseelsorge.

Zweitens ist das Ziel der Gemeindezucht die Ehre Gottes. Deshalb weiß sich die Gemeinde der Reinheit und Heiligkeit verpflichtet. Sie kann Sünde nicht tolerieren. Das Ziel besteht nicht in der perfektionistischen Gemeinde, sondern darin, dass Schuldiggewordene Buße tun und Versöhnung erfahren.

Drittens will der Ausschluss dem Unbußfertigen seine Schuld und Gesinnung vor Augen führen, in der Hoffnung, dass er sich dadurch der Konsequenzen seiner Haltung bewusst wird und auf den Ruf zur Umkehr eingeht.

VII Vergeben und vergessen können

Martin Scharnowski

1 Einleitung

Die alte Frau am Fluss – Ein Rabbi und sein Schüler auf einem Lehrpfad

> Ein Rabbi befindet sich mit einem seiner Schüler auf einem Lehrpfad. Unterwegs kommen sie an einen breiten Fluss und dort sitzt seit mehreren Tagen ein altes Weib. Sie bittet nicht, sondern fordert im harschen Ton, über den Fluss gebracht zu werden. Alles an ihr ist unangenehm – bis hin zum Geruch.
> Der Schüler will seinen Rabbi beeindrucken, packt sich die Alte auf die Schultern und überquert mit ihr den Fluss. Unterwegs schimpft sie unaufhörlich über ihn, nichts kann er ihr recht machen und als sie ein wenig nass wird, zerkratzt sie ihm fast das Gesicht vor Ärger.
> Recht unsanft lässt der Schüler die Alte am anderen Ufer zu Boden und ohne ein Wort des Dankes, voller Gift und Galle, verschwindet die Alte im nahen Wald.
> Der Rabbi hat mittlerweile auch den Fluss überquert und beide setzen schweigend ihren Lehrpfad fort.
> Am Abend dreht sich der Rabbi zu seinem Schüler um und sieht auf dessen Gesicht immer noch finstere Gewitterwolken. Er fragt ihn: „Sag mal, wie lange willst du die Alte noch mit dir herumschleppen?"

Wen schleppst du immer noch mit dir rum? Wie heißt deine Alte? Du sagst: „Meine Frau heißt Gertrud ..." Ja, vielleicht ist es nicht deine Frau. Vielleicht ist „deine Alte" noch minderjährig oder dein Ex-Mann, vielleicht dein Pastor oder einer deiner Ältesten, vielleicht ist es eine ganz andere Gemeinde (vielleicht deine alte Gemeinde), als die, in der du heute bist. Solltest du

Wen oder was schleppst du immer noch mit dir herum?

niemanden mir dir herumschleppen, höre dennoch zu, denn vielleicht kommst du morgen erst an den Fluss …

2 Verletzungen, Enttäuschungen und Schmerzen des Lebens

Ich möchte über Verletzungen, Enttäuschungen und Schmerzen des Lebens reden, was sie mit uns machen können und was wir mit ihnen machen sollten. Ich möchte gezielt zu dir reden, der du heute „zufällig" diese Seiten liest. Ich möchte nicht allgemein über Gemeinde reden, obwohl dies auch wichtig ist. Aber hier soll es jetzt um dich gehen.

Zuerst zu einem Vers aus Hebr 12,15:

> „Seht darauf (habt Acht), dass nicht irgendjemand die Gnade Gottes versäume; dass nicht etwa eine bittere Wurzel unter euch aufwachse und Unfrieden anrichte und viele durch sie unrein werden."

Es besteht die Möglichkeit, die Gnade Gottes zu versäumen, zu verpassen, obwohl man mitten in einer Gemeinde lebt. Es besteht die Möglichkeit, dass unter uns eine Pflanze mit einer bitteren Wurzel aufwächst und blüht und den Boden verunreinigt. Wir selbst haben darauf zu achten, dass dies nicht geschieht.

Es gibt nicht nur eine Wurzel der Bitterkeit, sondern auch Samen und eine Pflanze der Bitterkeit dazu. Es ist eine unansehnliche Pflanze, selbst wenn sie blüht, sieht sie vertrocknet aus – sie stinkt, sie ist giftig, sie ist abartig – dennoch wächst und blüht und gedeiht sie – selbst in Kirchen und Gemeinden und manchmal besonders da. Es beginnt mit einer Saat, dann bekommt diese Saat, wenn sie begossen wird, Wurzeln und irgendwann bricht die Pflanze durch das Erdreich durch. Unser Leben bietet jeden Tag unzählige Möglichkeiten, die Saat der Bitterkeit in Form von Verlet-

Unser Leben bietet jeden Tag unzählige Möglichkeiten, die Saat der Bitterkeit in Form von Verletzungen, Missachtungen, Lieblosigkeit, Gedankenlosigkeit in die Hand zu bekommen.

zungen, Missachtungen, Lieblosigkeiten, Gedankenlosigkeiten in die Hand zu bekommen. Das Leben ist oft unfair, oft grausam, besonders da, wo Menschen sich begegnen. Bis hinein in die kleinste Zelle von Ehe und Familie wird die Saat der Bitterkeit gesät. Bewusst oder unbewusst, gedankenlos oder voll bei Bewusstsein, mit Worten, Schweigen, mit Taten, mit Blicken, mit Anrufen oder per Mail – geschrieben oder geschrieen. Niemand ist hier außen vor. Wir werden vom Leben verletzt, von anderen Menschen, Gruppen, Freunden, Ehepartnern, Kindern oder Eltern. Manchmal verletzen wir uns selbst, manchmal fühlen wir uns von Gott verletzt. Nebenbei: Nur Freunde können uns wirklich verletzen!

Was wir dann in der Hand haben, ist die Saat der Bitterkeit – wir haben es wirklich in der Hand, was wir damit tun, welchen Weg wir wählen. Bringen wir es zum Kreuz oder zum Gedeihen. Bringen wir es in den Tod oder halten wir es am Leben. Der Weg zum Kreuz ist kurz, nicht immer schmerzlos, dafür sehr effektiv und erfolgreich. Die Saat los zu werden: das ist Vergebung, Befreiung, Loslösung. Alle anderen Wege bringen die Saat zum Gedeihen, sind endlos lang, sehr mühsam, im Endeffekt erfolglos, landen alle im Gefängnis der Bitterkeit, der Wut, der Kälte.

Wir haben die Saat also in der Hand, das böse Wort ist gefallen, der Anruf beendet, der Brief voller Anklagen gelesen, die Tür ist ins Schloss gefallen. Das ist gewesen – gestern, letzten Monat, vor zwei Jahren – Vergangenheit. Nun trägst du als Erwachsener die Verantwortung und zwar die volle Verantwortung, was du nun mit dieser Saat machst. Meistens geht es so weiter: Wir beginnen darüber nachzudenken, die Saat zu analysieren und starten einen inneren Dialog, ein imaginäres Gespräch, eine endlose Diskussion mit dem Täter, der natürlich nicht da ist:

Du trägst die Verantwortung, was du mit der Saat der Bitterkeit machst.

„Das lasse ich mir nicht gefallen …“

„Wie kann der nur, der wird schon sehen …“

„Das passiert nie wieder …“

So beginnen wir die Saat in uns einzupflanzen, zu düngen, zu begießen – sie wächst wie in einem Treibhauseffekt sehr schnell und schlägt Wurzeln in uns.

Wir starten das *blame game* – das Schuldzuweisungsspiel – die Menschen können es seit Adam und Eva perfekt. 1Mo 3,12 „Da sprach Adam: Die Frau, die du mir zugesellt hast, gab mir von dem Baum und ich aß."

Spielst du das „blame game", das Schuldzuweisungsspiel?

Wir nutzen jede freie Minute, um zu gießen, um zu vertiefen, graben uns richtig ein. Wir beginnen, die Saat auszustreuen, indem wir andere mit hineinziehen, erzählen, schmücken aus, deuten, halten diese Deutung für Wahrheit und sind mittlerweile auf dem Weg in unser Gefängnis.

Es nimmt uns mehr und mehr gefangen und wir verlieren unsere Freiheit, diese wertvolle Freiheit der Kinder Gottes.

Längst ist in uns die Wurzel der Bitterkeit gewachsen. Sie fängt nun an, stark zu werden, sich richtig in uns hinein zu graben, auszuschlagen, eben Wurzeln zu schlagen.

Dann folgt ein weiterer Schritt: Wir starten einen inneren, mentalen Film – *mental movie*. Im Knast haben wir einen Filmrecorder und können immer wieder die gleichen Filme sehen, sehen wie es passiert ist, natürlich mit Ton. Wir schauen immer wieder, morgens, mittags und abends – manchmal auch nachts. Wenn wir nicht schlafen können, machen wir den Film an und weil der Film läuft, können wir nicht schlafen. Wir sehen genauer hin, machen Zeitlupenstudien. Während Männer mehr schwarz-weiß gucken, haben Frauen die Möglichkeit, alles in Farbe zu sehen: Sie wissen, was er anhatte, welche Farbe die Gardinen hatten, wie es im Zimmer roch, dass draußen die Vögel sangen … Kommen Gäste, wird nach kurzer Begrüßung der Film angemacht und den ganzen Nachmittag oder Abend nichts anderes gezeigt. Der Erfolg ist: Immer weniger Gäste kommen, weil niemand es mag, sich immer wieder die alten Filme, den ganzen Müll der Vergangenheit anzusehen/-hören. Einladen lassen sich gerne noch die anderen Gefangenen, die mit uns in ihren Zellen leben: Sie bringen ihre Videos mit – dann hat man genug Material, wenn man zusammenkommt.

Der Boden einer verbitterten Person ist vorbereitet für jede Menge neuer Saat, die unglaublich schnell aufgeht, und die Zelle wird immer enger: Fast die ganze Familie, ein Großteil der Gemeinde, der Pastor sowieso, ein paar Seelsorger, die nicht getan haben, was man wollte …

Obwohl der Raum voll ist, bin ich selber im Knast ganz einsam – mit mir ist keine Gemeinschaft möglich – auch Jesus ist nicht da. In deiner Zelle hat er keine Gemeinschaft mit dir. Er wartet aber draußen und sagt: „Komm raus, werde frei."

Wir hören nicht, klagen stattdessen oft Gott noch an, spielen unser Schuldzuweisungsspiel weiter: „Immer die anderen". Dies ist das Spiel des Jahres und auch schon seit Jahrhunderten. Und im darüber Nachgrübeln, dass wir ja das arme Opfer sind, sind wir schon längst selbst die Alte am Fluss geworden, sind schon längst Täter geworden, die Wurzel ist durchgeschlagen und in unserem Leben wächst die Pflanze der Bitterkeit. Merke: *Hurt people hurt people* – verletzte Menschen verletzen Menschen. Niemand ist – in der Regel – nur Opfer, oft ist man schon längst auch Täter!

Hurt peolpe hurt people – verletzte Menschen verletzten Menschen.

Versteht ihr den Schreiber des Hebräerbriefes? Ein scharfer Ton: Hebr 12,15 „Habt Acht". Wie eine Anweisung eines Kommandanten an den Wächter: „Pass auf diese Türe auf, pass auf, dass da keiner raus oder rein kommt." Pass bloß auf, dass dir das nicht passiert, dass nicht die Wurzel der Bitterkeit in dir aufgeht und dadurch viele andere verunreinigt werden. Denn dies ist nicht nur dein eigenes Problem, sondern deine Umgebung wird mit angesteckt. In der Gegenwart verbitterter Menschen fühlst du dich dreckig, unsauber, beschmutzt – auf keinen Fall wohl, diese Pflanzungen sollte man meiden, weil sie giftig sind.

Wir sind mitten drin im Thema: Vergeben und vergessen können. Meiner Ansicht nach der einzige Weg, um wieder frei zu werden, um heil zu werden, um rein zu werden.

3 Merkmale der Vergebung

Mt 18,21ff möchte ich hier mal etwas freier wiedergeben:

Herr, ich habe da ein Problem, eine wichtige Frage. Sprich, Petrus, was hast du auf dem Herzen? Wie oft, Herr, muss ich einem Menschen vergeben? Du kennst mein Umfeld, meine ehemaligen Arbeitskollegen, hier meine zukünftigen Apostelkollegen, meine Schwiegermutter. Wie oft muss ich jemanden, der mich verletzt, der mich übergeht, der dumme Dinge über mich erzählt, wie oft muss ich dem vergeben? Ich weiß, Herr, drei mal – so bin ich gelehrt worden in der Synagoge. Ich weiß aber auch, dass du immer wieder sagst: Ich aber sage euch ... Reicht es 7 Mal – bitte sag, dass es reicht. 7 Mal ein und derselben Person vergeben, 7 Mal dieselbe Haltung, dieselben Taten, Anrufe. Da muss es mir geistlich gesehen echt gut gehen um das zu schaffen.

Weißt du, Petrus, auch wenn du ausrechnen kannst, was 70 Mal die Vollzahl 7 bedeutet: bei diesem Thema Vergebung geht es nicht um abrechnen, ausrechnen. anrechnen, sondern um ausradieren, loslassen, freilassen.

Vergebung bedeutet, alle Schuldner aus dem Gefängnis zu entlassen und dann zu merken: der Gefangene warst du selber!

Merke: Vergebung bedeutet, alle Schuldner aus dem Gefängnis zu entlassen und dann zu merken: der Gefangene warst du selber!

Hol deine Freunde, Petrus, ich muss euch eine wichtige Sache lehren, ich erzähle euch eine unglaubliche Geschichte.

Zwei Personen stehen sich jeweils gegenüber und es geht jeweils um zwei Ebenen. Erster Akt:

Zunächst der König und sein Diener, der ihm einige Millionen Euro schuldet. Nicht 11,50 Euro – keine Bagatelle, keine unbedeutende Sache. Nein, es geht um eine riesige Summe. Auf der Ebene des Rechts hat der Diener keine Chance.

Absurd, was er versucht: den Herrn mit einem Bein auf die Ebene der Barmherzigkeit zu holen „Lass mir ein wenig Zeit" – vielleicht, um das Abtauchen vorzubereiten!

Sein Herr geht auf diesen Deal nicht ein. Er geht dafür komplett von der Ebene des Rechts auf die Ebene der Barmherzigkeit. Er erlässt ihm alles, getrieben vom Erbarmen mit diesem armen, schuldigen Wicht.

Freispruch, kein Abrechnen mehr, auch keine Stundung wie im Alten Testament, sondern Tilgung, Vergebung, Loslösung, Befreiung.

Zweiter Akt:

Es wird gefeiert in der kleinen Dorfkneipe – immer wieder muss der Diener seinen Kumpeln erzählen, was ihm mit dem König widerfahren ist. Plötzlich, er will gerade die nächste Runde zahlen, sieht er jemanden am Tresen: „Vor zwei Wochen warst du klamm, ich gab dir 125 Euro, du wolltest mir am nächsten Morgen das Geld vorbeibringen. Du schuldest mir 125 Euro, die kann ich gerade jetzt auch gut gebrauchen."

Wieder die Ebene des Rechts – wieder die Bitte: „Hab Geduld" – 125 Euro kann man aufbringen. Aber der Diener bleibt auf seiner Ebene stehen, beginnt eine Schlägerei, würgt den anderen, der Dorfsheriff kommt und muss ihn einbuchten. „Der kommt erst frei, wenn er mir die 125 Euro bezahlt hat."

Es tut weh, wenn man Christen erlebt, die so miteinander umgehen, die gerne beim Abendmahl singen: „Mir ist Erbarmen widerfahren, Erbarmen, dessen ich nicht wert" – aber dann nach dem Gottesdienst knallhart den anderen auflaufen lassen, sich verweigern, die kalte Schulter zeigen, bei jeder Gelegenheit abrechnen. Da geht so manch einer zum König und sagt ihm, was vorgefallen ist, wie es so abläuft im Mitarbeiterkreis, in der Ältestensitzung, beim Senioren-Kaffeetrinken.

Zurück zu unserem Diener. Der König holt sich den Diener zurück: „Mein Freund, als wir auseinander gingen, heute Morgen, haben wir uns auf der Ebene der Barmherzigkeit verabschiedet. Du aber bist auf die Ebene des Rechts zurückgekehrt und wolltest dort bleiben, obwohl man dich bat, barmherzig zu sein. Nun komm ich dir auf dieser, von dir gewählten Ebene, entgegen: Du schuldest mir noch eine ganze Menge. Du kannst mich nicht auf die Ebene der Barmherzigkeit, auf die Ebene, wo das Kreuz steht, holen, und selbst auf der Ebene des Rechts bleiben. Das macht mich zornig, mein Freund, nun sieh zu, wie du im Gefängnis klarkommst, sieh zu, wie du deine Schuld abträgst."

Während die Jünger sich betroffen anschauen und hoffen, dass sich so was nicht unter ihnen abspielen wird, sagt Jesus ihnen nun, warum er so eine Geschichte erzählt hat: „So wird auch mein himmlischer Vater an euch tun, wenn ihr einander nicht von Herzen vergebt, ein jeder seinem Bruder" (Mt 18,35).

Vergebung ist kein Tipp, um gesund zu leben, sondern Anweisung, um die Wurzel der Bitterkeit nicht wachsen zu lassen.

Hast du schon einmal über den Schlusssatz, über die Quintessenz dieser Geschichte nachgedacht? Man sollte vergeben können.

Vergebung ist kein Tipp, um gesund zu leben, sondern Anweisung, um die Wurzel der Bitterkeit nicht wachsen zu lassen.

4 Unversöhnlichkeit und ihre Konsequenzen

Wer Vergebung nicht praktiziert, und zwar von Herzen, der läuft Gefahr, selbst die Vergebung Gottes nicht mehr zu erleben. Es geht nicht darum, dass Gott uns noch einmal alles auftischt, was er früher mal vergeben hat, doch noch eine heimliche Diskette hat mit allen Verfehlungen, wo er die Dateien wiederherstellen kann.

Nein, er tilgt vollkommen. Nein, es geht um die alltägliche Vergebung, die wir jeden Tag nötig haben, weil wir jeden Tag schuldig werden. Und diese Vergebung hat eine Bedingung, sie steht auf dem Spiel, wenn wir uns weigern, das Vorbild Gottes in unserem eigenen Leben umzusetzen.

Im Vater unser lehrt uns Jesus zu beten: „Und vergib uns unsere Schulden, wie auch wir vergeben unseren Schuldigern" (Mt 6,12)

Vergib mir, Herr, so wie ich auch vergebe – das macht der Herr sehr gerne. Was ist aber, wenn ich nicht vergebe? Wenn ich beten müsste: Vergib mir meine Schuld, obwohl ich selbst nicht vergeben möchte. „Denn wenn ihr den Menschen ihre

Verfehlungen vergebt, so wird euch euer himmlischer Vater auch vergeben“ (Mt 6,14–15).

Was bedeutet dies praktisch? Du bleibst Kind Gottes – du verlierst nicht dein Heil – aber zwischen dir und Gott steht etwas, was dich von Gott trennt, die Mauer, die nur durch Vergebung eingerissen wird – das Recht greift, Barmherzigkeit ist nicht mehr auf unserer Seite. Du erlebst Vergebung nicht mehr, du musst sie dir einreden, aber davon kann niemand leben. Und dort vor der Mauer geht die Wurzel der Bitterkeit in dir auf.

Erlebst du Vergebung oder musst du sie dir einreden?

5 Vergebung von Herzen

Es gibt eine oberflächliche Vergebung mit Worten, die nicht wirkt und nichts bewirkt: Komm, vergeben und vergessen, ich will nicht mehr dran denken, ist ja vorbei, wir haben die Gemeinde gewechselt, komm, lass ruhen. Aber es ruht nicht, die Wunde eitert, Beziehungen sind gestört, man hat keinen Frieden. Vergebung von Herzen ist ein Prozess, der lange dauern kann. Am Ende kannst du vielleicht nicht vergessen, aber du kannst daran denken und es tut nicht mehr weh – du weißt, dass es einmal sehr geschmerzt hat, aber es ist heil geworden. Nicht die Zeit hat es geheilt, sondern Vergebung.

Darf ich dir eine Frage stellen? Stell dir vor, du bist gerade im Foyer einer Konferenzhalle. Du besuchst diese Konferenz alleine und kennst keinen. Du stehst nahe an der Foyertür. Plötzlich geht diese Tür auf und du erblickst … Gibt es Menschen, die du nicht sehen willst, die nicht reinkommen sollten; wo du am liebsten schnell durch den Hinterausgang des Konferenzgebäudes verschwinden würdest? Könntest du auf jeden zugehen, der in deinem Leben mal eine Rolle gespielt hat? Hast du, so weit es an dir liegt, mit jedermann Frieden, auch mit jeder Frau?

Wenn in uns Gefühle der Wut, des Zorns, der Verbitterung hochkommen, wenn wir nur beim Klang eines Namen, einer Stimme zusammenfahren, wenn sich der Magen zusammenzieht, weil wir ihn oder sie getroffen haben, dann ist dies ein Zeichen, dass noch keine Vergebung von Herzen stattgefunden hat – es sei denn, du stehst gerade in dem Prozess der Heilung.

Nun möchtest du vielleicht einwenden: Ich würde ja vergeben, nur das Mindeste, was ich erwarte, ist eine Entschuldigung, dass er seinen Fehler einsieht, sich entschuldigt, dass sie anruft und ihr Versagen bekennt. Würde er kommen und vor mir niederfallen und mir die Füße küssen … – ich wäre kein Schalksknecht, ich würde natürlich vergeben.

Dummerweise kommen die Täter nicht und entschuldigen sich. Es ruft auch niemand an. Dummerweise sind sich die meisten gar nicht bewusst, was sie uns angetan haben. Wofür soll ich mich denn entschuldigen, sie hat doch angefangen …

Dummerweise sind die meisten Täter sich gar nicht bewusst, was sie einem angetan haben.

Vergebung beginnt nicht bei der Entschuldigung des Täters, sondern ist Sache des Opfers. Gefragt ist der erste Schritt von mir aus. Gott verlangt dies nicht nur, sondern hat es selbst vorgelebt: Er ist verletzt worden von uns Menschen. Er hätte sagen können: Das Mindeste, was ich erwarte, ist, dass sie sich bei mir entschuldigen, mich um Vergebung anflehen, dann werde ich mir das mit meinem Sohn mal überlegen.

Da war nicht einer, der nach Gott gefragt hat, da war niemand, der Anlass zur Hoffnung gab, das war keiner, wir gingen alle in die Irre, jeder sah auf seinen Weg.

Gott ging den ersten Schritt, er versöhnte die Welt mit sich selber und rechnete uns unser Versagen nicht zu und hat unter uns aufgerichtet das Wort der Versöhnung (s. 2Kor 5,19). Und wenn Paulus uns sagt: Nehmt euch in allem Gott zum Vorbild – dann auch in diesem Punkt: Geh den ersten Schritt und vergib.

Denn du sollst heil werden, das Opfer leidet, nicht der Täter – der Täter treibt sein Unwesen nun auch in der zweiten Ehe – der Täter denkt nicht mehr dran, aber du. Die Frau des Gemeindeleiters hat schon manchen aus der Gemeinde getrieben, was aber ist mit den Vertriebenen? Sie müssen heil werden.

Deshalb ist der Aufruf zur Vergebung heilsames Evangelium, um heil zu werden, nicht daran zugrunde zu gehen, nicht bitter zu werden.

6 Der Prozess der Vergebung

Du sagst: Du hast gut reden: Vergeben können – ich kann es nicht. Wenn du wüsstest, was sie mir angetan haben, wie ich behandelt worden bin, was mein Vater immer zu mir gesagt hat, wie meine Mutter mit meinem Vater umgegangen ist ... Das kann ich nicht vergeben.

Vergebung ist ein Willensakt – eine Frage des Willens: Willst du vergeben?

> *Vergeben ist ein Willensakt – eine Frage des Willens. Willst du vergeben?*

Es geht nicht um schöne Gefühle, um nette Gedanken. Als Jesus am Kreuz hing, ging es nicht um Gefühle, die er für die höhnende Masse hatte: „Vater, vergib ihnen; denn sie wissen nicht, was sie tun!“ (Lk 23,34).

Als die ersten Steine flogen und Stephanus trafen, ging es nicht um nette Gedanken und schöne Gefühle, kein Kribbeln im Bauch: „Herr, rechne ihnen diese Sünde nicht an!“ (Apg 7,60). Das war ein klarer Wille zur Vergebung. Willst du vergeben, Gepäck loswerden, die Fäuste öffnen, dich der Wut verweigern?

7 Schritte der Vergebung

- **Ehrlich beten:** Schütte dein Herz vor Gott aus (s. Ps 62). Sag, was dir wehgetan hat, was dich verletzt hat, lass es raus.
- **Vergebung empfangen:** Ich zuerst – wo war ich die Alte am Fluss? Ich habe geredet, geschwiegen, mich verweigert, hinten herum erzählt, mich heimlich gerächt. So verständlich es von der menschlichen Seite auch sein mag: Es ist Schuld in den Augen Gottes und bedarf der Vergebung. Gott möchte uns vergeben.
- **Vergib im Namen Jesu:** Namen nennen, Menschen freisetzen, Gefängnistüren öffnen nach Jes 58,6: „Lass los, die du mit Unrecht gebunden hast ... Gib frei, die du bedrückst,

reiß jedes Joch weg!“ Achte auf die Wortwahl: „Ich vergebe …“ und nicht nur: „Ich will vergeben …“

- **Nicht hingehen:** Es ist eine Sache zwischen dir und Gott im Beisein eines Seelsorgers, ansonsten gibt es schnell wieder Möglichkeiten, verletzt zu werden, denn der andere ist sich oft der Tragweite seiner Schuld nicht bewusst. Nur bei eigener Schuld um Verzeihung bitten.
- **Diese Schritte zu einem Lebensprinzip werden lassen**, damit die Krallen der neuen Verletzungen, die kommen werden, nicht mehr greifen können.

Nur so sind wir in der Lage, Mt 18 in rechter Weise zu praktizieren: Wenn dein Bruder an dir sündigt, so gehe hin – aber sei dir sicher, dass du vorher am Kreuz warst und auf der Ebene der Barmherzigkeit kommst – sonst wird es nur ein rechtlicher Schlagabtausch, ohne echte Gewinner, aber mit vielen Verlierern.

Dann erst beginnst du zu ahnen, was Jesus in Lk 6,27–28 meint: „Liebet eure Feinde, tut wohl denen, die euch hassen; segnet, die euch verfluchen; bittet für die, die euch beleidigen.“ Hier liegt ein wichtiger Schlüssel für das Leben bzw. das Sterben in unseren Gemeinden: Vergeben und vergessen können.

Wie wollen wir die Welt zum Kreuz rufen, wenn die Menschen uns dort nicht stehen sehen?

Wie wollen wir die Welt zum Kreuz rufen, wenn die Menschen uns dort nicht stehen sehen? Nicht nur in der Abendmahlsfeier am Sonntagmorgen! Wie wollen wir zum Thron der Gnade gehen, wenn wir das bürgerliche Gesetzbuch noch fest umklammert halten? Wie wollen wir Gnade empfangen, wenn wir unser Recht behalten wollen?

Bibelstellenregister

Horst Afflerbach (Hg.)

Die andere Seite Gottes

Vielen Menschen fällt es nicht leicht, sich eingestehen zu müssen, dass Gott so fern sein kann. Gerade in Zeiten des Leids scheint Gott nicht nah zu sein. Auch Christen verstehen oft nicht, warum der Gott der Liebe, wie er in der Bibel beschrieben wird, auch Gewalt übt. Diese „andere Seite Gottes" macht manch einem sogar richtig Angst. Kann man diesem Gott überhaupt vertrauen? Dieser Frage gehen W. Klippert, U. Neuenhausen und H. Afflerbach, allesamt Dozenten an der Bibelschule Wiedenest, in drei Beiträgen nach, die sie bereits als Vorträge auf der Wiedenester Konferenz 2003 gehalten haben. Sie helfen mit ihren Ausführungen, die andere Seite Gottes und sein Handeln besser zu verstehen. Ein informatives und Mut machendes Buch!

edition Wiedenest
Jota Publikationen GmbH

Pb. 115 S.
11,0 x 18,0 cm
Best.-Nr.: 449.525
ISBN 3-935707-25-8

€ 4,95

Ulrich Neuenhausen

Anbetung ist Lebensstil

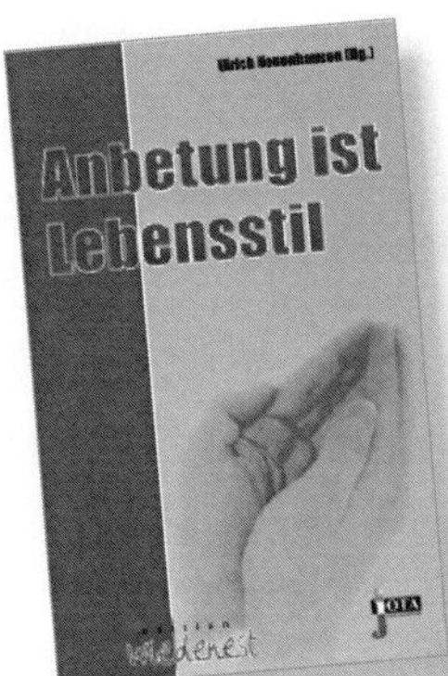

Anbetung ist Lebensstil. Es gibt keine Alternative dazu! Wer Gott nicht anbetet, verehrt andere Götter. Wer Gott nicht in die Mitte stellt, rückt sich selbst in die Mitte. Gemeinde Gottes lebt durch und in Anbetung!
John Allan und zwei Lehrer der Bibelschule Wiedenest, Horst Afflerbach und Ulrich Neuenhausen, entfalten das Thema Anbetung sowohl vom biblischen als auch praktischen Gesichtspunkt, wie die Frage nach der gemeinsamen Anbetung unterschiedlicher Generationen.

edition Wiedenest
Jota Publikationen GmbH

Pb. 111 S.
11,0 x 18,0 cm
Best.-Nr.: 449.531
ISBN 3-935707-31-2

€ 6,95

Helge Stadelmann

Evangelikales Schriftverständnis

Die Bibel verstehen - der Bibel vertrauen

Das fremde Joch der Bibelkritik macht den Kirchen der Reformation im Land Luthers seit 250 Jahren zu schaffen. Inzwischen ist diese Philisterherrschaft längst zu einem globalen Faktor geworden, vor der keine Kirche - gleich welcher Konfession - mehr sicher sein kann. Dieses Buch will nicht nur die Hintergründe dieser Fremdherrschaft über die Kirche aufzeigen. Es will vor allem Mut machen zu dem, was den Kirchen gut tut: nämlich nah am Wort Gottes zu bleiben, mutig zu bekennen und das Bekannte in die Praxis umzusetzen."

Pb. 398 S.
13,5 x 20,5 cm
Best.-Nr.: 449.527
ISBN 3-935707-27-4

€ 19,95